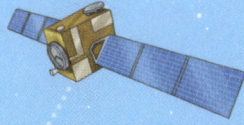

# 我是北斗人

龚盛辉◎著

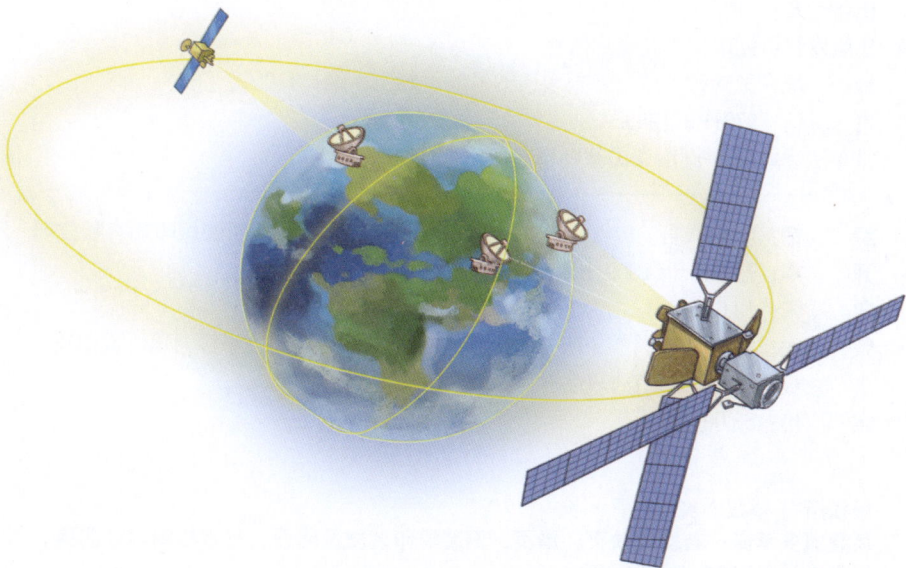

湖南少年儿童出版社 · 长沙
HUNAN JUVENILE & CHILDREN'S PUBLISHING HOUSE

图书在版编目（CIP）数据

我是北斗人 / 龚盛辉著 . -- 长沙 : 湖南少年儿童
出版社 , 2025. 2. -- ISBN 978-7-5562-7883-1

Ⅰ . K826.1-49

中国国家版本馆 CIP 数据核字第 2024FB7058 号

# 我是北斗人

WO SHI BEIDOU REN

| | | | |
|---|---|---|---|
| 总 策 划：胡隽宓　聂　欣 | | 装帧设计：FAWN WONDERLAND QQ:2821598445 | |
| 策划编辑：范　丽 | | 插画绘制：邱晓勤 | |
| 责任编辑：范　丽　向艳艳 | | 书名题写：于建华 | |
| 质量总监：阳　梅 | | 音频录制：有声广角 | |

出 版 人：刘星保

出版发行：湖南少年儿童出版社

地　　址：湖南省长沙市晚报大道89号　　邮　　编：410016

电　　话：0731-82196320

常年法律顾问：湖南崇民律师事务所　柳成柱律师

| | | |
|---|---|---|
| 经　　销：新华书店 | 印　　刷：长沙新湘诚印刷有限公司 | |
| 开　　本：710 mm×1000 mm　　1/16 | | |
| 印　　张：13.5 | 字　　数：300 千 | |
| 版　　次：2025 年 2 月第 1 版 | 印　　次：2025 年 2 月第 1 次印刷 | |
| 书　　号：ISBN 978-7-5562-7883-1 | | |
| 定　　价：58.00 元 | | |

CONTENTS 目录

## 迈向卓越　北斗二号　　/ 062

## 谱写辉煌 北斗三号 / 115

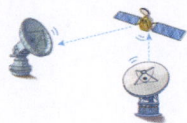

# 致 敬
## 北斗人

公元前 6 世纪，波斯皇帝冈比西斯二世，拿着一张刻在牛皮上的地图，率领大军入侵埃及，击溃由希腊雇佣兵组成的埃及军队后，又派出大军远征埃及西边的绿洲之国——阿蒙，哪知进入沙漠腹地后，军队却永远消失在茫茫沙海之中。

1711 年，四千多名西班牙战士在一个叫派连山的地方等待援军。当援军赶到时，却发现这支庞大的军队莫名地消失了。

1915 年 8 月，一支拥有八百余名军人的英（英国）新（新西兰）联军，进入浓雾笼罩的嘉里玻里山区后，竟然神秘失踪了。同样在第

主播：吴鲲

微信扫码，
配套音频随身听

一次世界大战期间，五百多名法国军人，在马尔登高地突然集体消失。

…………

部队神秘失踪，在中外战争史上，可谓俯拾皆是。部队失踪，绝大多数是因为迷失了方向后被凶险的大自然吞噬。

今夕何夕？身在何处？该往哪去？这是一个人生存的三个基本要素，是随时都会遇到而且必须回答的问题。因此，进入现代社会后，人类对定位与导航技术的探索也更加紧锣密鼓。

20世纪50年代，随着人造卫星技术的兴起，美国开始了卫星定位技术的研发，并于1964年建成了人类第一个卫星定位系统，此后经过三十年的不间断改进、扩建，于20世纪80年代末90年代初建成了国防导航卫星系统，即GPS。

随着GPS的问世，美军空中的战机在茫茫云海中永不迷航，陆地上的战车在崎岖道路能够安全避障，海上的战舰在礁丛浪尖里从容徜徉，甚至连导弹也带上了"向导"，准确无误地找到数千千米外的攻击目标。

中国，作为拥有五千多年文明史的古国，古代的"四大发明"有力地推动了人类社会的发展和进步。当今世界早已进入信息化时代，创新成为引领发展的第一动力，中国理应在卫星导航这个高科技领域有自己的贡献。这既是推动社会经济发展、实现"中国梦"的需要，也是中国对世界科技发展应尽的责任、应有的担当。

正是出于这样的大国理想、大国情怀，1994年，中国正式启动了北斗一号系统的建设，研制发展中国独立自主的北斗卫星导航系统。转眼间，北斗已经走过三十年艰辛跋涉之旅。

起步之初，我国在卫星导航领域的技术储备相当薄弱，经费紧张、技术落后、人才匮乏，开局困难重重。但从启航的那一天开始，北斗建设就坚持走自己的路，依靠科技创新解决核心技术问题。

"两弹一星"元勋陈芳允，放眼世界，结合中国国情，提出具有中国特色的"双星定位系统"方案；"两弹一星"元勋孙家栋，毅然肩负起北斗一号总设计师重任，带领北斗团队迈出了自主创新的坚定步伐；测绘专家谭述森，临近退休之年担当大任，带领团队在一间铁皮屋里完成了北斗一号总体设计；北京卫星导航中心主任王小同，不畏艰辛，立下"哪怕舍弃生命，也要践行使命"的"军令状"；航天专家李祖洪、范本尧，勇于担当，毅然肩负起北斗"双星"研制重任；高新科技研究院北斗团队背水一战，攻克关键核心技术，突破制约工程进展瓶颈，几个年轻人更是情系北斗，无私奉献……

北斗人以破釜沉舟的坚定毅力，于21世纪初完成北斗一号系统建设，迈出了中国卫星导航系统建设坚实的第一步，使中国成为继美国、俄罗斯之后第三个拥有自主导航定位系统的国家。

中国坚持以"自主、开放、兼容、渐进"的原则建设和发展北斗，目标是建设世界一流的卫星导航系统，满足国家发展需求，为全球用户提供连续、稳定、可靠的服务。

2004年，国家有关部门批准建设北斗二号卫星导航系统。北斗人瞄准建设世界一流导航系统的高远目标，设计了独一无二的"中国星座"；在星载铷原子钟这个卫星导航关键核心技术领域，成功实现由追赶到领先的跨越；在与欧盟伽利略卫星导航系统的频率协调中，为赢得发展民族卫星导航事业的最后机遇，努力拼搏，奋起冲刺，在频率"七年之限"的最后时刻，成功发射北斗二号组网首星。

北斗人一路奋进，开启"密集发射"之旅，降服"太空魔王"，镇住"伪距波动"，赢得了"四个第一"，实现了"十大创新"，不但占领了频率阵地，而且达到了系统主要性能"覆盖区域与GPS相当"的建设目标。

之后，北斗导航开始应用于大众消费、智慧城市、交通运输、公共安全、减灾救灾、农业渔业、精准机控、气象探测等众多领域，服务多个国家的现代化建设和百姓日常生活。

为顺利推进北斗卫星导航全球系统建设，北斗人坚持两条腿走路。2006年，他们在紧锣密鼓地开展北斗二号工程攻坚的同时，拉开了国家科技重大专项建设的序幕，展开北斗三号全球系统关键技术攻关。

美国建设GPS，在天上布了一张卫星网，在世界各地建设了一张基站网，共同构成了"天罗地网"，但中国无法在世界各地建设地基网站。北斗人不怕一切困难，别人走过的路，我们走不通，就勇辟新路，巧妙地为北斗三号设计了星间链路，占领了世界卫星导航技术新的制高点。

凭着这种"自主创新、开放融合、万众一心、追求卓越"的新时代北斗精神，北斗人掌握了具有世界领先水平的新一代导航信号技术，实现了卫星小型化等一系列颠覆性创新，开启了北斗卫星导航新气象，创造了卫星导航新奇迹。

北斗人用心血、汗水与智慧，成功地开创了一条中国式北斗之路。在这条中国特色卫星导航创新道路上，北斗人披荆斩棘、继往开来，从覆盖国土的北斗一号、覆盖亚太的北斗二号到覆盖全球的北斗三号，探索创新的脚步从未停歇。

随着北斗卫星导航服务全球时代的来临，在实现中华民族伟大复兴的征程上又增添了一个大国重器，国家经济更加繁荣昌盛，高新技术创新更加充满生机，人民生活更加丰富多彩……

而且，随着北斗导航不断走向世界，它将为世界提供质量更佳、稳定性更好、可靠性更高的服务，更好地服务"一带一路"

建设发展，造福世界人民，为人类社会发展做出应有的贡献。

中国的北斗，世界的北斗，一流的北斗！

向每一位北斗人致敬！

# 北斗导航系统
# 发展历程

## 一、蹒跚起步的北斗一号

20 世纪 70 年代，我国就想建立自己的卫星导航系统。结合当时国内经济和技术条件，陈芳允院士于 1983 年创新性地提出了双星定位的设想。之后，北斗系统工程首任总设计师孙家栋院士，进一步组织研究，提出"三步走"发展战略：

第一步，2000 年，建成北斗一号系统（北斗卫星导航试验系统），为中国用户提供服务。

第二步，2012 年，建成北斗二号系统，为亚太地区用户提供服务。

第三步，2020 年，建成北斗全球系统，为全球用户提供服务。

1994 年，我国正式启动了北斗一号系统的建设。2000 年，我国发射了两颗地球静止轨道卫星，北斗一号系统建成并投入使用。北斗一号采用有源定位体制，为中国用户提供定位、授时、广域差分和短报文通信服务。2003 年，我国又发射第三颗地球静止轨道卫星，进一步增强北斗一号系统的性能。

北斗一号使中国成为继美国、俄罗斯之后第三个拥有卫星导航系统的国家。北斗一号是探索性的第一步，初步满足中国及周边区域的定位、授时需求。北斗一号巧妙设计了双向短报文通信功能，这种通信导航一体化的设计，是北斗的独创。

## 二、突飞猛进的北斗二号

2004 年，我国启动了北斗二号系统的建设。北斗二号并不是北斗一号的简单延伸，它在兼容北斗一号技术体制的基础上，增加无源定位体制，为亚太地区提供定位、测速、授时和短报文通信服务。

2007 年 4 月 14 日 4 时 11 分，第一颗北斗二号导航卫星进入太空。

2009 年 4 月 15 日，第二颗北斗导航卫星顺利发射，位于地球静止同步轨道。

随后，北斗卫星导航系统的建设开始突飞猛进。2010年，西昌卫星发射中心在一年之内接连发射了五颗北斗导航卫星。在接下来的几年里，不断有卫星被发射上天。2012年，我国完成了十四颗卫星的发射组网，它们分别运行在三种不同的轨道上。

这种中高轨混合星座架构，为全世界发展卫星导航系统提供了全新范式。

2019年5月17日23时48分，我国成功发射了第四十五颗北斗导航卫星。至此，我国北斗二号区域导航系统建设圆满收官。

## 三、服务全球的北斗三号

早在2006年，我国就着手对北斗三号核心关键技术——星间链路技术展开了攻关，经过多年艰苦摸索，终于攻克了这一重大技术。这也为北斗三号正式立项做好了重大技术准备。2009年，我国正式启动了北斗三号系统的建设。

2017年11月5日，第一颗北斗三号卫星发射升空。到2019年12月，仅两年多的时间，科研人员就将二十八颗北斗三号组网卫星和两颗北斗二号备份卫星成功地送入预定轨道，以平均每个月1.2颗卫星的发射密度，刷新了全球卫星导航系统组网速度的世界纪录。

不仅组网速度惊人，北斗三号系统在性能和服务水平上都力争世界一流。科研人员在信号体制上进行创新性设计，同时还攻克了卫星使用的高精度铷钟、氢钟、铯钟等时频设备，信号生成和播发设备性能均达到国际同类产品的先进水平。同时，北斗三号系统增加了星钟自主平稳切换和信号完好性监测等功能，保证了信号连续性，极大地提高了导航服务的可靠性，在局部上处于领先水平。此外，我国实现了卫星上的产品全部由中国制造，这也确保了我国卫星上使用的产品都是自主可控的。

2020年6月23日9时43分，北斗三号第三十颗卫星发射升空。

经过历时八天的长途跋涉和五次变轨，这颗卫星终于进入了距离地球36 000千米的圆形轨道，成功地停留在自己的工作岗位上。

这颗卫星是北斗三号卫星星座的最后一颗，它的成功发射给北斗三号星座组网任务画上了圆满的句号。

2020年7月31日，北斗三号全球卫星导航系统建成暨开通仪式在人民大会堂隆重举行。习近平总书记郑重宣布："北斗三号全球卫星导航系统正式开通！"

这标志着中国自主建设、独立运行的全球卫星导航系统已全面建成开通，中国北斗迈进了高质量服务全球、造福人类的新时代。

勇辟新路
北斗一号

# 要走自己的路

20 世纪 80 年代初，世界首个全球卫星导航系统——美国的 GPS 正紧锣密鼓建设中，时任美国总统里根就在一次新闻发布会上向世界宣布：美国正在紧锣密鼓建设的 GPS 卫星导航系统一旦建成，将向全世界免费开放，让全人类共同使用。一时间，GPS 成为世人眼里的"活雷锋"。

这回，美国"学雷锋"，似乎不是"放空炮"，而是很快就开始行动起来。就在"007 空难"（编者注：指发生于 1983 年 9 月 1 日的大韩航空 007 号班机空难事件。当时，这架民航客机起飞不久后，偏离预定航道，进入了苏联领空。苏联空军误将其识别为美军侦察机，发射导弹将其击落，机上 269 人全部遇难。）发生一年多后的 1985 年 4 月 15 至 18 日，美国在华盛顿举办了"GPS 全球定位系统国际运用研讨会"，盛邀世界各国专家前来学习研讨 GPS 的功能及应用。

我国测绘领域专家卜庆君也在受邀之列。他早就开始关注美国的 GPS 了。他上大学时学的是天文学专业，工作后干的是大地测绘。在长期测绘工作中他遇到过许多一时难以解决的技术难题。这些年他一直在思考运用卫星导航技术解决这些问题。

卜庆君带着诚恳的学习态度和测绘技术难题，高兴地飞往大洋彼岸，走进研讨会会场，认真听课、虚心请教。可随着学习的不断深入、对 GPS 的不断了解，他渐渐脊梁骨冒冷气、额头上冒冷汗，心里开始惴惴不安起来。

原来美国"学雷锋"的背后，还隐藏着别的心思呢。首先，GPS 编码分为军用和民用两种，两者的定位导航技术性能指标差别巨大，军用功能只有美军才能使用，别的国家包括欧盟国家都无权使用。其次，在特殊情况下，为所谓的"保证美国国家安全"，美国军方可以采取三种措施应对紧急状况：第一，降低对方的导航精度；第二，随时变换编码；第三，进行区域性管理。一句话：GPS 说是"向世界免费开放"，实则"想让你用，就让你用；不想让你用，就不让你用"。

这让卜庆君想到了在农村见过的一个情景：牛主人手上拿着一把鲜嫩的草和一根穿着牛鼻子的绳索，牛为了吃到这把草，跟着主人不停地往前走，而对沿途那些肥美的草视而不见、毫无兴趣。

GPS 不是个"慈善家"，而是牛主人手中的那根绳索和那把鲜嫩的草。

卫星导航系统是什么？它是地上的车辆、海上的轮船、空中的飞机、天上的火箭辨别前行道路和方向的"眼睛"。虽然 GPS 让全世界共享，可要是这世界上只有 GPS 这一家导航，无论是哪个国家用了，把它装到车辆、轮船、飞机、火箭上，都如同自己的身体装上了别人的眼睛，不仅不是长久之计，而且心里能踏实吗？要是眼睛哪天累了，或是不高兴了，把上下眼皮一合，不就抓瞎了吗？后果不堪设想。

无论是身体，还是眼睛，只有都是自己的，才能自主可控，才靠谱，才不心慌啊！

对于卫星导航系统这样的国之重器、决定民族命运的"生命线"，岂能寄希望于别人的恩赐，怎能不牢牢地攥在自己手里？

从美国学习归来，卜庆君在第一时间向上级打报告，建议"对于 GPS 的发展和应用要跟踪研究"，并四处奔走呼吁"建设独立自主的卫星导航系统"。

但他的报告迟迟没有得到回复。那天，他找到直接领导问询此事。领导叹了一口气说："我们心里都急呀，可你看，现在我们哪有条件建设卫星导航系统？"

领导说的是实情。美国建设 GPS，在天上布设了二十多颗导航卫星，在世界各地建设了大量的地面站点，共同组成了一个"天罗地网"，而一步到位建成全球卫星导航系统，工程技术难度高，需要专业人才多、经费投入大。当时的中国，对于建设卫星导航系统，可以说是处于"四无状态"，即一无技术积累、二无人才储备、三无工业基础、四无经济能力。尤其是经济上捉襟见肘，更显突出。

美国 GPS 研发耗费上百亿美元。而当时的中国，年国民生产总值还不到 1 万亿元，国民经济仍处在困境中，又正值改革开放之初、百废待兴之时，集中精力搞经济建设，亟待投资的领域很多，要从有限的"蛋糕"上剜下一大块，投入几年乃至十几年才能见到效益的卫星导航建设，无论是谁都要三思而后行。

毫无疑问，我们要走自己的路。可中国卫星导航系统建设之路如何走？

这是摆在中国航天专家们面前的历史之问！

# 仰望星空，孜孜以求

黑格尔说："一个民族有一些仰望星空的人，这个民族才有希望。"这句话，既朴素无华，又意蕴绵厚。

"仰望星空"，深刻而又生动地启迪人们：一个民族如果只关注眼前、脚下，满足于埋头走路，而不把目光投向高远，缺乏远大理想和抱负，是没有前途和未来的；一个伟大的民族，既要注意走好脚下的路，做好眼前的事情，还要不断地仰望星空，眺望远方，才能永远处于攀登的状态，不断登上新的高峰。

"仰望星空"，是一种前瞻的目光。

"仰望星空"，是一种思考和探索的姿势。

那是 20 世纪 80 年代初一个初夏的夜晚，疏朗的星星俏皮地眨巴着眼睛，圆圆的月亮轻挪着细碎的脚步在蓝色的天庭上穿行，凉爽的轻风吹着悠扬的呼哨。北京一个四合院里，一位老人，微昂着四方脸庞，将深沉睿智的目光投向夜空，似在与月亮默默地交谈，似在聆听来自夜空深处的星语，似在窥探宇宙深处的玄机……他一动不动，似夜色下的一尊雕像，显得那般投入、执着、深沉……

他便是"国家高技术研究发展计划（863计划）"倡议者、中国"两弹一星功勋奖章"获得者、北斗事业开创者之一的陈芳允。

陈芳允1916年4月生于浙江省黄岩县，经历了小学时丧母、中学时国破、大学时流亡的"三大不幸"，自幼就树立了"科技报国"的远大理想。早在20世纪50年代，他就与头顶上的这片星空结下了不解之缘，成为我国第一代航天人，开启了漫漫航天科技求索之旅，并创造了一个个"国内第一""国际领先"。

1950年，陈芳允在中国科学院上海分院生理生化研究所工作期间，研制出国内生物电子学第一套电子设备。

1957年，苏联成功发射人类第一颗人造地球卫星。陈芳允立即对它进行无线电多普勒频率测量，并带领大家计算出中国历史上第一个卫星轨道参数，这成为新中国航天测控事业的第一块基石。

1958年，日环食带经过海南岛南端，是观测太阳射电辐射的好机会。陈芳允作为中苏联合观测队的中方领队，与大家共赴海南执行科考任务，得到完美的观测结果。回京后，陈芳允与王绥琯一起，开创了中国射电天文研究事业。同年，他敏锐地捕捉到国际上刚刚兴起的脉冲技术，在国内率先涉足该领域研究，完成了具有国际领先水平的纳秒级窄脉冲采样示波器[1]。

1965 年，中国第一颗人造地球卫星研制正式启动，陈芳允担任卫星测量总体技术负责人。陈芳允带领技术人员深入研究，大胆实践，反复论证，创造性地完成了技术方案设计和多套设备研制、多个测量台站建设，圆满完成中国第一颗人造地球卫星"东方红一号"的测控任务，为中国卫星测控网建设奠定了基础。

1969 年，中国中、低轨道卫星地面测控网即将建成，陈芳允经过充分论证，在国内首次提出微波统一测控系统方案，实现了距地球 36 000 千米的高轨卫星的精确测控，并成功应用于我国第一颗通信卫星。同期，陈芳允还设计完成遥感卫星测控系统方案，为中国第一颗遥感卫星成功回收做出了重要贡献。

1975 年，中国第一代航天远洋测量船开始建造。陈芳允通过不懈探索，提出频率分配法，解决测量船上众多设备之间的电磁兼容这一重大技术难题，为中国向太平洋成功发射运载火箭试验做出了贡献。

…………

陈芳允的目光始终盯着人类头顶上的这片星空，捕捉那一缕缕从天际划过的曙光，点燃创新的激情，用沸腾的热血为祖国的科技事业迎来新的黎明。

早在 20 世纪 50 年代末，陈芳允就从人类头顶上这片星空中，敏锐地发现一颗崭新的明星——定位导航卫星，并意识到它将在未来改变世界，给人类带来新的生产模式、生活方式。也正是基于这样的认识，航天事业刚刚起步的新中国，很快制订发展卫星导航技术的"灯塔计划",并写入了"七五"计划,但由于经济、技术、人才等诸多条件限制,计划未能进入工程实施阶段。

中国的卫星导航技术面临着两难选择:一方面卫星导航非搞不可,另一方面我们又没有条件搞。在此情况下,中国的卫星导航系统建设之路怎么走?陈芳允经常与沈荣骏、孙家栋等航天科学家一起思考、交流,并渐渐形成两个共识。

首先,中国的经济、技术、人才、工业支撑不起美国 GPS 那样复杂的卫星导航系统,就从简单的搞起。基于这样的认识,陈芳允在总结大家思想成果的基础上,于 1983 年在世界上首次提出了"双星定位系统"的设想。这一方案,不像美国 GPS 那样需要二十几颗卫星,而只需两颗卫星就可以实现定位,系统比较简单,技术难度不高,经费投入相对较少,中国搞得起,也搞得出,可以通过这一系统建设,积累技术,培养人才,非常符合中国国情。在设计这一系统时,陈芳允又在世界上首次给卫星定位导航系统增加了短报文通信功能,使用户不仅随时随地知道"我在哪里",而且还能让亲人、朋友、战友知道"我在哪里""我需要什么",而美国 GPS 只知道"我在哪里"。国外航天专家认为:卫星导航通信功能的出现,为人类卫星导航事业打开了一扇新的窗口,是世界卫星导航技术发展史上的"中国贡献"。

其次,中国不能像美国、苏联那样一步到位建成全球系统,就量力而行,逐渐完善。基于此,陈芳允、孙家栋、沈荣骏等航天专家经过缜密思考、深入讨论,提出了中国卫星导航"先简单、后复杂""先区域、后全球""先有源、后无源"的"三步走"战略：第一步，建成信号覆盖国土的北斗一号系统，于 2000 年左右，使中国成为世界上第三个拥有自主卫星导航系统的国家；第二步，建设北斗二号卫星导航区域系统，于 2012 年左右具备覆盖亚太大部分地区的服务能力；第三步，建成北斗三号卫星导航全球系统，于 2020 年左右正式向全球开放服务。

中国终于找到了一条符合中国国情、具有中国特色的卫星导航系统建设发展之路。

# 开启黎明的曙光

1985 年，当陈芳允听到我国即将发射第二颗地球静止轨道卫星的消息时，他立刻找到刘志逵说："我们马上就有两颗地球静止轨道卫星了，该是做'双星定位系统'验证这篇文章的时候了。"

一个以刘志逵为组长，何平江、王莉、钱卫平、曹绍鹿为成员的"双星定位系统"验证小组成立了。

验证小组组长刘志逵，当时已经四十多岁，在卫星控制及通信专业领域干得风生水起，是不可多得的骨干力量，继续发展下去，前程可期。

很多人知道他当了"双星定位系统"验证小组组长后，都有些不理解。一个朋友还找到他问："你原来的专业干得顺风顺水的，怎么另起炉灶干起了这个事？"

刘志逵嘿嘿一笑说："凡事都得有人起个头嘛。"

主播：秦靖华

微信扫码，
配套音频随身听

朋友说："可你这个炉灶什么时候起，最后起成什么样，还不知道呢。"

刘志逴脸上还是那副憨憨的笑容："什么事情开始时是明了的呢？要是不明了的事情大家就不干，恐怕我们中国到今天还没有原子弹，也没有卫星上天呢！"

不过，刘志逴带着验证小组开始砌中国卫星导航这个"炉灶"时，也的确砌得很艰难。没有实验室，甚至没有办公室，更不用说专用论证设备了。尤其对于卫星导航这种在航天领域有着重要应用潜力和价值的新兴技术，美国等世界卫星导航强国都是严严实实地锁在保险箱里，还外加了几把密码锁，所以，验证小组的技术论证工作难以借鉴国外的成功经验。

一名验证小组成员形象地说："刚开始工作时，我们就像盲人摸象。"

起初，他们怎么摸都摸不出"象"的模样。可哪怕摸得再不像，刘志逴也坚持带着大伙儿继续摸，我摸"象鼻子"，你摸"象腿"，他摸"象尾巴"……渐渐地，他们摸出了"象"的大概轮廓。

1986年12月13日，国家航天主管部门基于验证小组的前期成果，专门组织了"双星定位系统"论证交流会。会上，刘志逴报告了验证工作的总体情况，何平江做了总体方案报告，王莉做了双星快速定位通信系统原理及精度报告，曹绍鹿做了演示验证系统方案报告。

此次会议虽然规模不大，但对中国卫星导航科学发展具有奠基意义。

会后不久，国家航天主管部门对"双星定位系统"的论证正式予以立项，并开始演示验证。

众所周知，任何物体都存在三维空间。换言之，确定一个物体的空间位置，必须具备三维数据。天上只有两颗卫星，也就是说只有第一维度、第二维度，那么第三维度在哪里呢？寻找第三维度，成为"双星定位系统"验证的关键。

验证小组首先想到以气压测高作为第三维度，然后又把目光投向重力测高……尝试、推翻了无数个方案，最后才锁定国家数字高程模型数据库，而且发现以它提供的数据作为第三维度是最理想的选择，也是唯一的选择。

"双星定位系统"验证，需要处理大量的科研数据，验证工作的反反复复，又使科研数据处理工作成倍增加。当时实验条件十分落后，海量数据、云数据需要计算处理，他们却只有两台"286"台式电脑。它们就像老牛拉着沉重的大车，摇摇晃晃，步履蹒跚。为在预定时间赶到预定地点，只能让它们日夜兼程，赶车人也随之昼夜加班。

肩负着系统定位、授时原理、系统模型、数据处理、精度、误差指令分配等基础理论和技术数据计算的王莉，经不住长期超负荷工作，突然病倒了。她感到两腿像被抽去了骨头，身体被掏空了一般，疲软得像一摊烂泥，一回到家里就躺到了床上。

妈妈心疼女儿，熬了一碗热乎乎的鸡汤递到女儿手上。王莉喝了鸡汤，身体慢慢温热起来，昏昏沉沉的大脑也清醒了许多。她在床上再也躺不下去了，勉强撑起身子对母亲说："妈，我得上实验室加班去。"

妈妈瞪了她一眼："孩子，你疯了？病得这么重还去加班？！"

王莉说："实验室里的事没做完，在家心里慌。"

妈妈叹了口气，说："那我跟你一块儿加班去。"

王莉一听急了："这哪儿能行呢？"

妈妈说："你不让我去，我就不让你去。"

就这样，王莉病了一周，可一天也没休息，连续加了七个晚班。妈妈也在实验室陪了她七天七夜……

在"双星定位系统"验证那几年里，验证小组从组长刘志逵到每一名组员，都是像王莉这样奉献的。

在大家共同努力下，"双星定位系统"终于在 1989 年进入了野外演示验证阶段。1989 年 8 月，验证小组进驻卫星地面站，开始运用我国两颗在轨静止轨道卫星进行"双星定位系统"星地对接验证，经过一个多月的紧张准备，终于在 9 月 4 日凌晨进行首次星地对接试验[②]。

凌晨 4 点多，验证演示操作手按下信号发射键。显示屏上一下子跳出卫星发回的信号，很快又得到主要性能指标：定位精度优于 20 米；双向定时精度 20 纳秒；短报文双向通信畅通……

"双星定位系统"各项性能指标非常接近美国在建的 GPS 设计指标！

这样的验证结果，就像从山那边跳出的一缕曙光，一下子把中国卫星导航的黎明照亮了！

刘志逵赶紧拿起旁边的电话，向陈芳允报喜："陈教授！成了！咱们的'双星定位系统'成了！"

"我可以好好地睡一觉了。"陈芳允紧绷的脸庞上终于露出了笑容，"这几年，验证小组的同志们辛苦了，你们也早点儿休息吧。"

# 攻坚克难，举重若轻

1994 年，国家批准覆盖国土的"北斗一号"工程正式立项，同时任命孙家栋为总设计师、李祖洪为副总设计师。

孙家栋，是中国航天发展全过程的亲历者、见证者、决策人、领导人，被大家誉为中国航天"大总师"。仔细盘点一下新中国每个航天大事件，几乎都能找到孙家栋的身影。

新中国诞生之初，为尽快改变科学技术水平落后的面貌，给国家建设插上腾飞的翅膀，国家决定在 1951 年秋，向苏联派遣 375 名留学生，向"老大哥"学习冶金、采矿、电气、地质、建筑、水利、农业、铁路、交通、河运等专业知识和技术，同时兼顾师范、俄文、经济、政治、文学艺术、外交、法律等方面。

1929 年 4 月生于辽宁省复县、1942 年考入哈尔滨第一高等学校土木系、1948 年 9 月进入哈

主播：段丽丽

微信扫码，
配套音频随身听

尔滨工业大学专修俄文的孙家栋，有幸前往茹柯夫斯基工程学院学习飞机发动机专业，成为新中国成立后第一批公派留学人员。抱着科学强国的远大理想，孙家栋在学习中如饥似渴、刻苦钻研，学习成绩一直名列前茅，获得了茹柯夫斯基工程学院颁发的印有斯大林头像的金质奖章。

1958 年，孙家栋带着珍贵的奖章回到祖国。当时，正值国家启动"两弹一星"工程需要大量航天技术人才的时期。因为国内航天专业人才奇缺，学习飞机发动机专业的孙家栋被分配到国防部五院一分院总体设计部，直接参加了我国一系列火箭研制和发射任务，并从一名普通设计师逐步成长为主任设计师、重大型号总体部副主任。

1965 年，我国第一颗人造卫星"东方红一号"工程启动。这是中华民族"开天辟地"的大事。党中央提出了"上得去、抓得住、看得见、听得着"的要求。对于这样一项重大航天工程，技术负责人至关重要。谁能担纲？

当聂荣臻元帅征求钱学森意见时，钱学森说："孙家栋是理想的人选。"

聂帅说："就是国防部五院一分院总体设计部那个年轻人吧？"

钱学森说："他现在是总体设计部副主任。通过这些年的接触，我发现这是个难得的航天人才，具备'东方红一号'技术负责人的能力和素质。"

"钱教授，我相信你的眼光。"聂荣臻拍板说，"中国首颗人造地球卫星的技术负责人，就是孙家栋了！"

孙家栋带领大家日夜兼程、攻坚克难，拿下一系列关键技术，破解一个个科学难题，仅用三年时间，便研制出我国第一颗人造卫星。

1970 年 4 月 24 日装载着中国第一颗人造卫星"东方红一号"的"长征一号"运载火箭，从酒泉卫星发射场拔地而起，20 多分钟后准确进入预定轨道，中国成为继苏联、美国、法国和日本之后，第五个完全依靠自己的力量成功发射人造地球卫星的国家。

此后，孙家栋又作为总设计师，带领大家完成了我国第一颗遥感探测卫星、第一颗返回式卫星、第一颗通信卫星、第一颗同步轨道气象卫星、第一颗地球资源卫星等航天飞行器的研制与发射。

月球是地球的天然卫星，也是人类开展空间探测的第一站。从 1999 年开始，我国开始系统地论证月球探测的科学目标。中国科学院 2000 年通过了对科学目标的评审，并开始研制有效载荷。2002 年，国家有关部门组织科学家和工程技术人员研究月球探测工程的技术方案。2004 年 1 月，国务院批准绕月探测工程立项，命名为"嫦娥工程"。孙家栋被任命为总设计师。

在我国自主研制发射的前 100 个航天飞行器中，孙家栋担任技术负责人、总设计师或工程总师的就有 34 个，占中国航天飞行器总数的三分之一！

"中国航天'大总师'"，孙家栋当之无愧！

孙家栋不仅有着丰富的航天器研制、发射经验，还有着宝贵的航天发射国际合作经历。

1985 年，基于我国运载火箭技术已经非常成熟，国家决定将运载火箭投入国际市场，承担国外卫星发射业务。

1990 年 4 月 7 日，"长征"三号运载火箭在西昌卫星发射中心，将美国休斯公司的"亚洲一号"通信卫星成功送入预定轨道，标志着中国航天昂首挺胸进入了国际商业发射市场。

在长期的卫星研制、发射实践中，孙家栋不仅养成了沉着稳重的性格、严谨细致的作风、敢于担当的品质，而且成为一名善于把复杂问题简单化的航天"大总师"。

比如卫星，大家都觉得很神秘、很复杂，可在孙家栋眼里就很简单：卫星就相当于以前打日本鬼子时的消息树——在一个高地上种棵树，日本鬼子来了，人们就把那棵树拽倒，另外一边的人就都能看见了，这就是信息传递。

比如北斗卫星导航工程建设，不管系统多么庞大复杂、参加的单位和人员如何众多，到了孙家栋脑袋里就是"好用""用好"这两个词，即建设时要围绕"好用"做文章；建好后要努力"用好"，花大气力推广应用，让它发挥出最好的经济、社会效益。

正是这种举重若轻的超凡能力，确保了孙家栋成功带领团队三年研制完成"东方红一号"卫星，以及此后一系列应用卫星和"嫦娥一号"工程的有条不紊、顺利推进。

国家任命孙家栋为"北斗一号"总设计师，体现了国家对北斗卫星导航系统工程的重视，也让人们对北斗的未来充满期待。

# 成功险中求

北斗卫星导航系统，包括空间段、地面段和用户段三个部分，工程实施时分为卫星系统、运载火箭系统、地面运控系统、测控系统、发射场系统、应用系统等分系统，是中国航天史上系统最复杂、建设难度最大、参加单位和人数最多的航天项目，是组织千军万马、吃尽千辛万苦、克服千难万险、走进千家万户、造福千秋万代的科学工程。它就像一首旋律高昂、气势雄浑的中国航天英雄交响曲，演奏乐队阵容庞大，吹拉弹唱齐全，各种乐器应有尽有。

演奏"北斗一号"卫星系统建设这首中国航天波澜壮阔的千古乐章的"钢琴"就是卫星系统，"小提琴"则是地面运控系统的"快捕精跟"设备。

卫星，是航天工程事关全局的"第一系统"，新技术含量多、性能要求高、攻关难度大。加之"北斗一号"卫星是我国第一颗导航卫星，面临

主播：徐敏杰

微信扫码，
配套音频随身听

着高增量、多频段、大功率等一系列高难度关键技术挑战。

为确保把"北斗导航卫星"这支"钢琴曲"演奏好，北斗工程"两总"（总指挥、总设计师）特意任命"北斗一号"副总设计师李祖洪、中国工程院院士范本尧，分别担任"北斗一号"卫星研制总指挥、总设计师。

李祖洪是位具有很强的开拓精神的航天专家。李祖洪常对身边的人说："我是赤着双脚、穿着补丁叠补丁的衣服、揣着亲戚邻里一角两角凑起的路费、背着母亲缝制的百衲被走进清华大学的。像我们这种穷苦人家出身的孩子，只有在共产党领导下的新中国，才有机会上大学并上得起大学。我的知识、我的前途都是党和国家给予的，我唯有把毕生精力奉献给国家，才对得起党的如山重恩。"

带着这种"报党恩"的心情，以优异成绩大学毕业参加工作后，无论在哪个岗位上，李祖洪都努力工作、奋发进取。参加工作后，他首先从事技术研究，参与多种型号集成电路设计，很快成为技术能手。1984年，在"试验通信卫星"任务中，他主持完成多项重要科研，获得部委级科技进步奖，个人荣立二等功。

1991年，他调任至中国空间技术研究院（航天五院）任副院长，主管我国多种型号卫星研制、生产、发射、在轨运行，担任"中国资源二号""北斗一号""中星22号"等重点卫星型号总指挥。在他的总指挥下，"中国资源二号"获得国家科技进步一等奖，"中星22号"获得国家科技进步二等奖。

范本尧则是我国一位学术底蕴深厚、工程经验丰富的资深卫星总师。

1957 年正在上大学的范本尧，由于学业精湛，有幸进入由钱学森倡议成立、钱伟长任班长的清华大学工程力学研究生班学习。该班面向全国大学青年教师、科研单位技术骨干招生。范本尧是其中为数不多的在读大学生之一。

1958 年，钱学森任院长的中国空间技术研究院成立。这年大学毕业的范本尧，被分配到该院工作，从此与航天结下了不解之缘。此后，他先后参加我国第一颗返回式卫星的研制，担任卫星防热技术 [3] 攻关组组长，研制新型防热结构，在国内首次圆满解决了卫星返回防热难题，确保了我国返回式卫星发射、回收成功。1978 年，他主持的卫星防热工作获得了全国科技大会重大成果奖。

20 世纪 80 年代，中国航天事业迎来新的春天，范本尧的人生也随之焕发了新的青春，他肩负起我国第一颗通信卫星"东方红二号"总体技术负责人重任。"东方红二号"于 1984 年顺利升空，填补了中国航天领域的重大空白。接着，范本尧又成为"东方红三号"总设计师。

1997 年 5 月 12 日，一枚白色"长征"运载火箭从西昌卫星发射中心发射场腾空而起，将"东方红三号"卫星送上太空，这颗卫星的性能指标比"东方红二号"有显著提升。范本尧因此荣获了国家科技进步一等奖。

范本尧把红彤彤的获奖证书摆放在办公室显眼的位置，经常看看它，经常想想那一波三折的研制经历，经常给自己提个醒："研制北斗一号卫星，一定要确保万无一失。"

然而，李祖洪、范本尧刚带领团队拉开攻关的架势，就传来了某型号卫星发射失利的消息。虽然表面看起来，该型号卫星与北斗导航卫星"风马牛不相及"，实则可能"城门失火，殃及池鱼"。

人需要有房屋居住，卫星也需要一个平台安家。而卫星平台结构复杂、技术含量高、研制周期很长。北斗导航卫星专用平台短期内无法研制出来，只能借用技术相对成熟的"东方红"卫星平台。其中"东方红二号"平台技术性能已非常成熟稳定，安全系数很高，适合用作北斗卫星平台。但他们把北斗卫星各种功能载荷搬上平台后，发现远远超过了"东方红二号"平台的有效承载力。

他们只能把目光投向"东方红三号"卫星平台。而那个发射失利的卫星使用的正是"东方红三号"卫星平台。若使用这一平台，北斗导航卫星未来会重蹈该卫星的覆辙吗？北斗系统卫星团队成员们心里都蒙上一层阴影。

可他们已经没有别的选择。"东方红三号"卫星平台，是北斗卫星唯一可用的卫星平台。

经向总师组请求，李祖洪、范本尧决定大胆使用"东方红三号"卫星平台。

刚开始，有些人不理解："明知山上有老虎，为何还偏往山上走？"

李祖洪说："总得有人第一个上山打老虎吧？不然老虎就永远在山上，虎山永远过不去。"

范本尧也说："哪项技术成果不是在磕磕绊绊中成熟起来的？要是有过失败就不敢再用，那'东方红三号'平台技术性能怎么进步？"

航天是不允许犯错误的行业，哪怕一点小错，也可能给国家带来重大损失。因此领导让他们签责任书。

李祖洪、范本尧拿起签字笔，在责任书上签了字：要是平台再出问题，由我们两个负全责！

科研攻关，需要魄力勇气，更需要严谨细致、稳妥可靠。李祖洪、范本尧在领导面前拍完胸脯，转身就带领团队"上山打老虎"。通过对"东方红三号"卫星平台逻辑结构、技术性能分析排查，再辅之以一次一次的技术仿真模拟试验，再反复进行技术改进、性能提升，使"东方红三号"卫星平台安全性能、技术指标得到很大提升。

最后，"东方红三号"卫星平台不仅载着"北斗一号"四颗卫星（含两颗备份星）飞天成功，而且此后又承载着"北斗二号"十几颗卫星成功入轨，出色地完成了亚太区域的卫星组网。

凭着这种敢于创新、勇于担当的精神，李祖洪、范本尧带领团队运用先进的系统设计思想，克服重重困难，创造性地解决了高增量、多频段、大功率等一系列高难度关键技术难题，研制完成的中国第一颗定位导航卫星，成功跻身于世界先进行列。

# 从悬崖上凿出新路

　　北斗导航卫星研制刚摆脱艰难险阻的困扰，作为演奏"北斗一号"工程这首乐章的"小提琴"——"快捕精跟"，技术攻关又出现"慢几拍"的现象，严重地拖了整个北斗导航工程建设的后腿。

　　"快捕精跟"，是地面运控系统的核心关键技术。

　　"北斗一号"是一种新型的全天候、高精度、区域性卫星系统。它采用三点交汇原理进行定位。"北斗一号"完成一次服务，信号要进出地面主控站三次，而北斗用户数以万计，甚至百万千万计，信号数据将是如云似海，连接用户和地面站的纽带——入站信号同步设备，能否实现对信号的快速捕获、精准跟踪，将成为决定"北斗一号"整体性能甚至整个工程进展的关键。

主播：晓虹

微信扫码，
配套音频随身听

北斗工程总设计师孙家栋、"双星定位系统"方案提出和设计者陈芳允，早就意识到"快捕精跟"是整个工程建设的"瓶颈"，早在"北斗一号"正式立项前几年就布置有关单位提前攻关。但该单位攻关近十年，"北斗一号"都正式立项好几年了，"快捕精跟"的核心关键技术依然没有突破。如果这个"瓶颈"不突破，哪怕卫星上天了，也不能发挥效用，只能空耗。而卫星是有寿命的，何况一颗卫星从研制到发射入轨，耗资数亿人民币。

紧锣密鼓、快速推进的北斗工程其他系统建设，不得不暂时停下来，等待蜗牛般慢慢爬行的"快捕精跟"技术开发。

"快捕精跟"技术就像一座万丈悬崖，挡住北斗工程建设的去路，让孙家栋、陈芳允、李祖洪、谭述森等老专家心急如焚。这天，陈芳允在办公室里苦苦思索如何摆脱目前的被动局面、谁能在"快捕精跟"这座悬崖上凿出一条路时，突然收到某工程技术院校几名博士研究生写来的信。

陈芳允拆开信笺一看，不禁眼前一亮。这几名年轻的博士研究生，不仅主动请战，希望肩负起"快捕精跟"技术攻关任务，而且还提出了"全数字信号处理"这一崭新的技术开发路线。

"真是后生可畏啊！"陈芳允禁不住拍手称赞。"快捕精跟"技术原开发单位采用的是数字模拟技术路线，进展缓慢，"全数字信号处理"路线值得期待，它也许是引领"快捕精跟"走向"柳暗花明"的新路径。

但冷静下来，陈芳允又想：这几名年轻人是不是太大胆、冒进了？须知，"全数字信号处理"，是一只当时世界上连美国、俄罗斯这样的航天大国都尚未尝试过的"大螃蟹"，技术条件成熟吗？

为稳妥起见，陈芳允让学科带头人庄教授带着几名年轻人到北京面谈。在面对面交流中，陈芳允发现，他们之所以"初生牛犊不怕虎"，并不是头脑发热、意气用事，而是胸有成竹、有备而来。

陈芳允在第一时间组织"快捕精跟"新技术路线专家论证会，并亲自主持会议。他在主持词中，对几名年轻人敢于创新的精神大加赞赏了一番，希望与会专家们帮助他们出主意、献良策。

哪知陈芳允一说完主持词，会议便出现冷场现象，大家不约而同地你看看我、我看看你，然后再看看几名年轻人，就都低头不语了。

陈芳允提醒道："大家都说说吧，若觉得他们的开发方案有什么问题都提出来。"然后指着坐在台下的一名年轻人说："小王，你到台上来，现场解答大家的提问。"

年轻的博士研究生小王自信满满地走上台去。一名专家便提出了自己的疑问："美国GPS的快捕精跟，好像走的也是数字模拟技术路线吧？俄罗斯的格罗纳斯系统，解决这个问题也是采用数字模拟的办法。他们都解决得很好，为什么到了我们这儿就解决不了呢？"

小王大胆而不失礼貌地回答："这个问题，虽然我不是当事人，但我是这样理解的。GPS、格罗纳斯，是无源定位导航系统，为用户提供一次服务，服务信号只需经过'快捕精跟'设备两次，而我们'北斗一号'作为双星定位系统，采用的有源定位原理，每一次为用户提供服务，服务信号要通过地面信号接收设备四次，其性能要求随之提升了一倍，再像 GPS、格罗纳斯那样采用数字模拟技术路线，显然捉襟见肘。"

第二名专家接着提问："美国、俄罗斯是导航技术领域的大哥大，他们都不敢尝试全数字信号处理技术，我们能一步登天吗？相关支撑技术条件是否已经成熟？"

小王回答道："'全数字信号处理'技术，虽然是个'新生儿'，但现在已完全具备其诞生的技术条件。大家知道，信号数字化处理领域，现在已取得长足进步，无论在硬件、软件，还是在理论上，创新成果不断涌现。这些新技术、新产品，为有着高可靠性、强容错性、调试简单、修改方便等诸多技术优势的'全数字信号处理'方案提供了强大后盾。"

接着，又有专家提出："原来负责'快捕精跟'技术开发的单位，是行业权威，他们这么长时间都难以突破，你们几名年轻人有把握吗？"

小王笑着说："报告各位专家老师，想搞这个项目，我们并非头脑发热、一时兴起。早在'北斗一号'立项之初，我们就想加入北斗卫星攻关的行列，从那时起我们就开始探索'全数字信号处理'的可能性。在没有任何经费支持的情况下，庄教授带着我们几个博士研究生自筹资金，对其反复进行仿真模拟试验，发现其技术性能比传统路线提升了数十倍。"

说完，小王拿出他们的仿真试验材料，边向专家们讲解仿真试验过程，边在黑板上演示起来。

虽然专家们对他们的开发方案再也无话可说，但心里依然不踏实。立项表决时，绝大部分专家都持保留态度。

难以决断之际，陈芳允拿起签字笔，郑重地在开发方案报告上写上"陈芳允"三个字。然后，他注视着几名年轻人说："谁说美国、俄罗斯没做的事，我们就不能做？谁又知道他们做不成的事，我们也一定做不成？你们几个都很年轻，年轻不是坏事，年轻人敢想敢干，充满活力。我相信你们！"

# 破釜沉舟的决战

几名年轻人为自己拿到了"快捕精跟"攻坚任务、成功融入北斗队伍而高兴。可他们没想到的是，他们从北京返回单位后与技术使用单位协商 120 万元的原理样机科研经费如何落实时，技术使用单位突然提出：研发"快捕精跟"原理样机的 120 万经费要风险同担！

所谓"风险同担"，就是技术使用单位先拨 60 万，另外 60 万暂由研制单位垫付，待设备研发成功后，技术使用单位再支付这 60 万。换句话说，如果攻关失败，那么这 60 万就算他们交学费了。

单位领导庄教授一下子蒙了。这，庄教授可真没想到。他在高科技前沿阵地上坚守了十几年，完成或参与科研项目十几个，要求"风险同担"的项目他还是头一回遇到。

不过，仔细想想，人家这样要求似乎也在情理之中。"快捕精跟"和"全数字信号处理"，是世界导航领域刚刚发现的奇峰，连美国、俄罗斯这样的卫星导航强国，都还在实验室做这方面的基础研究，而他们几名年轻人，一迈脚就直接上工程，能行吗？就凭理论推理和仿真试验，人家心里就有底了，就相信你一定能做出来？现在"兔子"刚露头，人家为什么不能先观望一下，等你整只"兔子"都出洞了，再把所有"鹰"撒出去？

反过来一想，风险同担给人压力，也能催人奋进。可当下的问题是，他们是否有这个风险同担的能力呢？

庄教授拿起电话筒，拨通了单位财务办公室的电话。会计告诉他，账上也就 90 多万，其中周转资金还不够 60 万。也就是说，风险同担不仅要押上单位三分之二的家底，而且把所有的周转资金砸进去都不够。

庄教授从出任研究室主任，到所里的总工程师，再到所长，做事雷厉风行，主事果断决策，从不拖泥带水，可面对这"风险同担"，他不得不三思而行。如果"快捕精跟"设备做成了，什么都好说——经费、荣誉、创新空间、单位发展机遇……什么利好都来了。但万一没做成呢？无论对单位还是对个人，后果都不难想象。

庄教授从椅子上站起来，低头在办公室里踱了一阵，然后注视着团队的几名年轻人，神情肃然地问："你们是项目骨干，你们有什么意见？"

"这……"几名年轻人你看看我、我看看你，然后都望着庄教授。他们用目光告诉他，他们不愿放弃，他们很想干。

是啊，如果为了四平八稳，不担风险，而与北斗工程失之交臂，别说年轻人不乐意，他自己也不会答应！

庄教授出生在闽南侨乡，是我国恢复高考制度后第一批考上重点大学的高才生，也是同龄人中第一批获得博士学位的佼佼者。他主攻的雷达目标自动识别技术，是雷达科学与工程领域的新宠儿，也是世界公认的科学难题。

作为我国雷达目标自动识别技术领域的开创者之一，庄教授大胆迎接挑战，紧紧盯住学科发展前沿，一路披荆斩棘，屡屡破关拔寨，不断把我国在该领域的研究向前推进。

随着庄教授在雷达目标自动识别沃土上不断掘进，其学术声誉也如日中天，不断吸引着学界关注的目光。

1989年10月，庄教授在北京参加一次国际学术会议，一位加拿大教授注意到他写的论文，邀请他到加拿大进行合作研究。庄教授微微一笑，婉言谢绝："感谢您的邀请，可我离不开自己的国家，这里更需要我。"

1999年，庄教授到美国访问学习。学习期满，美国导师又邀请他留下继续合作，他仍然没有丝毫犹豫，如期回到祖国，为国家和社会现代化服务。

侨乡出生、侨乡成长的庄教授，有很多亲朋在美国发展，其中有不少著名学者、企业家。他们多次给庄教授来信来电，请他赴美发展，他却一次次婉拒。

他为什么坚持不出国发展？为什么要坚守脚下这片土地？因为

他坚信，祖国的现代化事业是个大舞台，有干大事业的机会。他爱自己的国家，渴望为国家强盛、民族复兴做贡献！

现在，机会终于来了，他岂能踌躇不前？哪怕前面是南墙，哪怕砸锅卖铁，哪怕头破血流，哪怕结局是"万一"……前边有再多的"哪怕"，他也绝不能放弃，也要放手一搏！

哪怕风险再大，"快捕精跟"项目，他们干定了。

坚定决心后，接踵而至的是面对挑战。从前，他们主要从事理论探索、基础研究，执行型号任务很少，像研发北斗地面中心"快捕精跟"这样的重大设备，更是从没干过，毫无工程实战经验，大家心里都有些没底。

为了让大家树立信心、放开手脚、大胆实践，庄教授鼓励大家说："要轻装上阵，不要有思想包袱，干成了算大家的，失败了我顶着。"攻关开始后，他不仅对大家悉心指导，而且面对难题敢于决策、勇于担当，成为大家的主心骨。

几名年轻的博士研究生豁出去了。他们几乎把所有寒暑假、节假日都搭进去了，而且每天都要加班到深夜。尽管如此，他们依然觉得科研进度太慢了。为把往返食堂的时间省下来，他们把一箱箱方便面搬进实验室，肚子饿了就泡一包。但长此以往，又担心身体扛不住。于是他们每周到校外改善一次伙食，给肠胃添些油水。可他们每次坐到饭店桌子旁，都要等上几十分钟才上菜。大家觉得这样很浪费时间，一商量，就把吃炒菜改为吃蒸菜，全是现成的，到了就吃、吃了就走。

一天，项目组里的三个年轻骨干同时出现发烧症状，整日迷迷糊糊。他们便结伴走进医院，医生分别给他们量了体温，都是38.5摄氏度。

"你们同时出现的发烧症状？"

"是。"

"在你们之前，你们周围出现过发烧病人吗？"

他们想了想说："好像没有啊。"

医生摇着头说："这就奇怪了。我建议你们都住院观察，做个全面检查，有可能是急性传染病，也有可能是身体出问题了。"末了还强调一句："问题可能很大。"

住院？这哪行啊？三个年轻人只让医生开了一些药片和一剂退烧针，便离开了医院。奇怪的是，针打了，药吃了，体温却不降也不升。他们索性不再理睬它，它烧它的，我干我的。

奇怪的是，项目攻坚阶段过去后，他们的体温又同时恢复了正常。后来听医学专家说，人在工作高度紧张、繁忙时，会出现发烧症状，那是人体发出的警告信号。

凭着这种忘我的拼搏进取精神，他们先后跨过样机研发、工程实现和定型、外场实验和正样生产等一道道坎儿，仅用三年时间便成功研发出"快捕精跟"设备，其性能指标远远超过合同要求，几乎突破理论极限。

陈芳允亲眼看见测试数据后，高兴地拍着几个年轻人的肩膀说："我就说年轻人行，你们可真行！"

# 青丝几许染霜华

谭述森，是一名大地测绘的老将。大学毕业后，曾作为任务带头人参加了我国西藏、南海、西南地区的测绘工作。

20 世纪 90 年代初，在测绘战线上奔波了数十年的谭述森已近退休年龄。当时北斗导航系统工程主导部门领导，到西安找到他说："'北斗一号'卫星系统工程已经立项，组织上准备让您去北京工作，担任地面运控系统总设计师，您意下如何？"

谭述森一口应承下来："这事，我太想干了！"

回到家里，谭述森把组织上交给自己的新任务说给妻子听："玉华，北京的领导让我干北斗卫星导航，困扰我几十年的复杂地形测绘难题终于有望解决了。"

"好啊，这不是你一直盼着的事吗？"张玉

主播：鹿平

微信扫码，
配套音频随身听

华打心眼里替丈夫高兴，但立刻又想起了什么，"就在西安吧？"

谭述森说："当然是上北京啦。"

张玉华本能地一下子睁大了眼睛："我们都这么大年纪了，又要两地分居啊？"

谭述森安慰妻子说："这是最后一次了，下次北京相聚就再也不当牛郎织女了。"

谭述森夫妇是大学同学，1965 年毕业时，谭述森分到西安工作，张玉华分到北京工作。后因单位裁撤，谭述森从西安调到武汉，张玉华毅然从北京来到武汉，结束分居生活。哪知 1976 年，谭述森原单位恢复，他重返西安，张玉华彻底放弃自己的专业，调到西安一家石油仪表厂。接受北斗导航地面运控系统总设计师重任的谭述森，从西安调到北京工作，夫妻分居 3 年后，张玉华提前一年退休来到他身边，精心照料他的生活。

曾有个年轻人问张玉华："您和谭总一起生活近半个世纪，您认为他最大的特点是什么？"

张玉华说："老谭最听党组织的话，党组织让他干啥，他就干啥，并努力干好啥。"

年轻人接着问："你们数十年相濡以沫，你感受最深的是什么？"

张玉华说："跟着走。"

年轻人一怔："怎么个跟着走法？"

张玉华说："老谭往哪儿走，我往哪儿走，几十年就是这么走过来的。"

年轻人有些不解："难道您就不想保留一点儿'自我'？"

张玉华微微一笑说："老谭跟党走，我跟老谭走，就是跟党走。永远跟党走，党叫干啥就干好啥，这就是我们夫妇俩最大的'自我'。"

谭述森和来自全国各地的 6 名专家刚来到北京时，无屋可住、无房办公。主管部门领导只能在招待所租下 4 间房，3 间住人、1 间办公。后来团队很快发展到 20 多人，主管部门领导想尽办法，东挪西挤，为他们腾出一间铁皮屋，作为他们的研究设计场所。

就在这间简易的铁皮屋里，谭述森带领团队展开了北斗一号运控系统建设的总体设计。

有人建议："美国已经搞了一个定位系统，北斗就按照他们的路数搞，可以避免走弯路。"

谭述森耐心开导大家："北斗卫星导航，可是国家重大基础平台，是国之重器。这样的大工程、大项目，我们千万不能依着葫芦画瓢，踩着别人的脚印走。在为北斗一号画蓝图、搞总体时，一定要把问题想得细致一些，把设计搞得周到一些，把步子迈得稳妥可靠一些。若出现什么闪失、留下什么缺陷和遗憾，我们这些人，就是国家和民族的罪人。"

带着这种责任与信念，谭述森和大家一起蹲机房、潜书海、走边防、下海岛、登雪原，获取了大量基础数据和众多技术资料。在此基础上，他们进一步论证了"仅用两颗卫星、结合地面高程数据库实现卫星定位"原理，丰富、拓展了世界卫星导航理论，并在工程"两总"的领导下，创造性地描绘出北斗一号工程总体蓝图，使北斗卫星导航工程建设第一步实现三大功能：一是快速定位，为服务区域内的用户提供全天候、实时定位服务，定位精度与美国 GPS 系统相当；二是精密授时，精度误差 20 纳秒以内，达到世界先进水平；三是短报文通信，用户与地面站之间一次可传送多达 120 个汉字的信息。

总体设计中，星地设备对接是关键。谭述森带着几十个人连轴转了两昼夜，没想到仪器设备一打开，显示屏上却是一片雪花，没信号！

谭述森说："赶紧查原因！"

几十个人又忙了一个通宵，可毫无收获，没发现蛛丝马迹，肚子却已饿得"咕咕"叫。

谭述森说："去买几箱方便面，大家什么时候饿了，什么时候泡着吃。"

把方便面咽进肚子，大家接着查。又是一天一夜过去了，大家站得两腿直打战，信号通道堵塞原因却依然毫无头绪。

谭述森说："大家都就地睡会儿吧。"

于是大家裹着大衣，坐在椅子上迷糊起来。谭述森也和大家一样，微微闭上了眼睛。但此时此刻，他心里依然揪着，脑海里翻腾着，不停地追究故障原因。大家才迷糊两个多小时，他便把大家叫起来，开始新一轮"饿了泡碗方便面，吃完接着查原因"。

次日清晨，有人发现谭述森满脸通红，用手一摸他额头，烫手！

医生过来一量体温，39 摄氏度！

医生说："重感冒，住院去吧！"

谭述森说："让我去医院，恐怕反而烧到 40 摄氏度，心里着急呀！"

医生理解地点了点头，给他留下一些退烧药。

谭述森边吃药边组织测试。高烧始终不退，谭述森也坚持不退出战斗，连续一周，整整七天，他们终于在显示屏上发现了信号。

"盼星星，盼月亮，总算盼到信号了！"几十名战友拥上来，围着谭述森又唱又跳，尽情庆贺。

跳完了，唱够了，大家才突然发现，谭述森那一头青丝竟突然飘满了雪花！

# 突击，突击，再突击

2000 年年初，北京连着下了几场暴雪，北京郊区一片雪域茫茫。夜幕降临了，天庭上稀疏的星星、弯弯的月牙洒下一缕缕寒光。起风了，呼啸的北风，卷起雪花漫天飞扬。

可这时位于北京北郊的北斗卫星导航运控中心（以下简称运控中心）建设工地上，却是一片热火朝天的景象，机器轰鸣、灯火通明，施工人员挥镐舞锹，昼夜奋战。

卫星在天上飞行一天，要耗费数十万甚至上百万元。因此，航天工程有一项铁律：只能地面工程等卫星，绝不能卫星等地面工程。可由于"快捕精跟"技术初期研发进度严重滞后，待某工程技术院校年轻的北斗团队攻克这一核心关键技术，生产出工程设备，并完成地面试验、天上对接验证时，距离上级规定的"北斗一号"首颗卫星发射时间——2000 年 12 月，只有十个月时间了。

而这时地面运控系统大楼建设尚未动工。

这年春节假期，王小同突然接到上级领导电话，让他去办公室领受任务。王小同第一时间赶到领导办公室后，领导首先宣布了上级对他的新任命——北斗卫星导航系统地面运控中心首任主任，然后问他："你知道为什么春节假期还没过完，就急着宣布对你的任命吗？"

王小同摇头："我不知道。"

领导说："因为你要带领大家去完成的任务，一天也拖不起了。"

王小同起身道："请领导指示！"

"建设北斗卫星导航工程运控大楼。"领导说，"这项任务非常艰巨，基建面积多达十多万平方米，还有八个分系统、上百个子系统要测试、联调，上千套设备要进场安装。而且时间非常紧，必须在十个月内完成。"

王小同一愣："十个月？"

领导点点头："对，就十个月。中央领导指示 2001 年初必须用上'北斗一号'。"说完，领导把一张纸推到王小同面前。

王小同拿起一看，是份"军令状"！

领导说："必须保证十个月内完成，否则……"

王小同知道"否则"后边是什么，但他毫不犹豫地拿过签字笔，在"军令状"上写上"王小同"三个字。

他知道，这既是"军令状""紧箍咒"，更是一项光荣的使命。

运控中心成立大会上，王小同向大家发出了"机房就是战场，施工就是战斗，岗位就是战位"的动员令，要求党委班子成员"少坐办公室，多到现场转"，把"行政工作落实到现场""思想政治工作做到现场""后勤工作保障到现场"，一场"突击、突击、再突击"的特殊战斗快速拉开序幕……

运控中心建设不仅涉及单位众多，而且分散在全国各地。为快速协调解决各单位出现的各种问题，从运控中心成立之日起，中心领导班子所有成员的办公室里，随时都备着一个出差的行囊，以备需要出差时，说走就走。那段时间里，中心领导成员就像一个个消防队员，紧张地奔走在各单位之间，常常是刚下飞机又上火车。

领导一带头，群众紧跟上。无论是年过花甲的老高工，还是年轻的博士、硕士，都把自己当施工员、战斗员。汽车的轰鸣声、大家的口号声、金属切割声，汇集成旋律激昂的乐曲，在施工、调试现场昼夜回旋。

一名女工程师在中心建设刚拉开序幕时怀孕了，但她没请一天假，每天坚持上班。怀孕八个多月时，王小同对她说："中心建设很重要，培养接班人也很重要，明天你就回家休假待产吧。"

可第二天，她照常来上班调试机器。王小同见了便问："不是让你休假待产吗？"

她说："大家都在这儿玩命干，我能安心在家休假？"

王小同说："你身子都这么沉了，不知什么时候就出情况。"

她说："不要紧，等出情况了再上医院也不晚。我早'侦察'好了，离这儿不到五里地，就有一家妇产科医院。"

她果然坚持到出现临盆症状时，才让救护车把她从工地接到了医院。

那是联调最关键的一天。副总师张素成，在运控大厅里陀螺般穿来梭去，紧张地协调指挥各系统联调。突然，只见他身子不由自主地晃了一下，然后就倒在了地上。

正在现场的王小同，立刻叫来救护车，亲自把张素成送到了医院。经过医生急救，张素成终于醒了过来。医生问他："以前出现过这种现象吗？"

张素成说："是脊椎病这个老毛病又在给我捣鬼呢。"

医生说："得住院打针、吃药，再配合理疗，才能慢慢好起来。"

恰在这时，王小同接到联调现场的电话报告："王主任，联调出现故障！"

张素成一听，立刻请求："王主任，快把我抬到现场去。"

王小同说："这不行！你都病成了这样！"

张素成说："我是联调指挥员，排除故障需要各系统配合，这时我不在现场怎么行！"见王小同还在犹豫，他更加着急了，"这个时候，让我躺在这里，比死了还难受！"

王小同只好让人找来一副担架，在医生陪护下，把张素成抬到联调现场。张素成躺在担架上，指挥协调各系统共同努力，奋战一个通宵，直到故障完全排除，才放心地回到医院。

一天，上级领导到运控中心督察工程进度时，恰遇供电部门电路升级，临时对中心拉闸停电一刻钟，结果机器设备的轰鸣停下不到两分钟，一片鼾声便在运控中心大厅里此起彼伏，有的趴在机桌上入睡了，有的倚着墙角睡着了，有的仰靠在椅背上进入了梦乡……

上级领导见状，感动地说："有这样一支敢打敢拼的队伍，我对你们按时完成任务充满信心。"

十个月的限期，王小同不仅一天没拖，还带领大家提前七天完成了任务。

# 打响频率保卫战

就在运控中心建设展开突击战的同时，中国北斗人在土耳其伊斯坦布尔打响了一场特殊的战斗——通信频率保卫战。

通信频率，是不可再生且有限的自然资源。人类航天事业经过半个多世纪发展后，有限的航天通信频段，已几乎被一些航天强国抢占殆尽。不仅如此，这些航天强国还凭借其在航天领域的绝对优势，攫取对通信频率分配、使用的绝对主导权、话语权。

就在"北斗一号"突破"快捕精跟"核心关键技术，快速向前推进之际，美国突然将"北斗一号"注册使用的频率列为新一代卫星通信频率，写进即将在伊斯坦布尔召开的"世界无线电通信大会"上通过的核心文件。

司马昭之心，路人皆知。这是企图把中国卫星导航逼进无频率可用、无路可走的困境，把中

主播：书瑶

微信扫码，
配套音频随身听

国永远挡在"国际卫星导航俱乐部"门外！

国家有关领导指示："坚决斗争，奋起反击，绝不能让霸权主义阴谋得逞！"

北斗卫星导航工程总师组迅速成立"频率保卫战指挥部"，地面运控系统总设计师谭述森任总指挥，刚从国外留学归来的赵晓东作为中国全权代表，前往土耳其伊斯坦布尔参加"世界无线电通信大会"，在一线冲锋陷阵，坚守频率阵地。

"世界无线电通信大会"如期召开。会议第一天，大会组委会确定了各委员会、工作组、起草小组的构成后，各个层面的会议随即举行。涉及"北斗一号"频率的起草小组会议开始后，中国代表赵晓东首先站起来，义正词严地指出："大家都知道，中国'北斗一号'卫星导航系统正在紧锣密鼓建设中，这时提出将'北斗一号'注册的频率列为卫星通信频率，这是对中国人民需求的极端无视，对中国利益的严重损害，中国予以坚决反对！"

美国代表冠冕堂皇地回应道："卫星导航技术已经发展数十年，已经建成 GPS、格罗纳斯两个全球系统，并免费让世界各国使用，已经没有必要建设新系统，而卫星通信正方兴未艾，把这个频率用于卫星通信，能够发挥更大效益。"

赵晓东指出："卫星导航发展几十年，都是航天强国在搞。中国等众多发展中国家还没有自己的卫星导航，这说明卫星导航还有很大发展空间。把中国在建的'北斗一号'卫星导航使用的频率改用于卫星通信，这是在有意扼制中国，是在垄断世界导航领域，严重违背了国际电信联盟的公平原则！"

…………

第一次会议，两国代表就激烈对抗，让起草小组其他成员国代表无所适从。起草小组主席不得不把议题推到专门议题起草小组讨论。

为争取发展中国家支持，赵晓东运用一切时机展开"走廊"外交。可赵晓东发现，他与哪个国家代表交流后，美国代表就与哪个国家代表约谈。

果然，专门议题起草小组会议一进入讨论流程，赵晓东担心的情况出现了：一些曾对中国主张表示支持的发展中国家，都不敢吱声了。虽然如此，赵晓东依然毫不退让，慷慨激昂，据理力争，坚决顶住来自美国的压力。

双方僵持不下，专门议题起草小组会议主席束手无策，只得将矛盾交回频率文件起草小组。

赵晓东想，情况越是严峻，越是要沉住气，一定要争取推到大会全会上讨论。到那时，也许就有翻盘的机会了。

两天后，在2000多名各国代表参加的全会上，赵晓东昂首阔步走向演讲台，大声呼吁：中国"北斗一号"是在建系统，提议将"北斗一号"注册频率列为新一代卫星通信频率，严重损害中国利益，让这样的提议获得通过，将严重损害国际电信联盟公平、公正宗旨，希望世界各国高度关注、维护正义！

美国代表也再次登上讲台，老调重弹：新一代卫星通信采用目前最先进技术，能更有效使用频率资源，符合国际电信联盟有效利用频率资源的宗旨，国际电信联盟应该鼓励和推广先进技术。

两国代表针锋相对、互不相让。全会主席非常不满，但面对两个大国，又不敢轻易表态，只能责怪起草小组不负责任，上交难题，责令起草小组重新讨论，并说如果下一次全会上仍没有解决，大会将采取非常手段，动用全会表决方式强行解决。

这时，会期已经过半。如果到下次全会召开，还是只有中国一个国家反对，那么美国的建议将被全会强行通过。

正在这时，谭述森打来电话，给他指明了努力方向：根据国际电信联盟有关规则，在全会上只要有两个大国支持中国北斗，中国北斗就能保住通信频率。他指示赵晓东："一定要想尽一切办法，争取得到俄罗斯代表的支持！"

赵晓东深知，国际合作要想赢得"同心"，最好是争取"同利"，达到"合作共赢"。赵晓东通过正当渠道，从大会秘书处借到俄罗斯历年来向大会递交的二十多个议题文件，它们涉及几十种业务、近百段频率、五六百份文稿，还有每个议题每次会议产生的阶段文件，码起来有一米多高。

赵晓东把所有文件、文稿搬进房间，再买来一大袋面包、火腿肠、矿泉水，拿出从国内带来的风油精，不分昼夜，仔细研读，看得头昏脑涨了，就往太阳穴抹些风油精；饿了，就一手面包、一手火腿肠充饥……一天、两天、三天、四天……功夫不负有心人，赵晓东终于在一份会议输出文件中，发现俄罗斯一个地面业务频率，面临的处境与我方十分相似。

赵晓东找到俄罗斯代表说明情况、请求合作。俄罗斯代表经向国内外交部门请示，爽快地答应与中国合作。

最后，由于中俄两个大国立场一致，全会主席不得不根据国际电信联盟规则，宣布美国的提议无效。

中国和俄罗斯的频率保卫战，终于以"双赢"宣告结束！

2000 年 10 月 31 日凌晨，长征火箭带着中国首颗导航卫星直刺苍穹，这标志着中国正朝着继美国、俄罗斯之后第三个拥有卫星导航系统的国家的目标迈进。

迈向卓越
北斗二号

# 从追赶到领先

中国"北斗二号"一开场便遇到了第一只"拦路虎"——星载铷钟④。

我国星载铷钟技术比较落后，星载铷钟一直依赖进口。北斗导航使用的星载铷钟精度要求高，而外国对我国又实行禁售政策。"北斗二号"工程启动后，"两总"领导们紧急布局星载铷钟研制。在星载铷钟研制过程中，中国空间技术研究院铷钟产品首席专家贺玉玲功不可没。

贺玉玲从最基本的单元电路入手，从单板设计师做起，与研制队伍一起开展铷钟工程化关键技术攻关。铷钟研制涉及量子力学、电子学、热学等多个学科，在宇航应用中还要克服发射过程中的力学响应、在轨真空、失重、辐射等空间环境的影响，对于精度要求很高量级的铷钟产品来说是巨大的挑战。

为了确保产品性能，贺玉玲带着铷钟研制队

主播：商祺

微信扫码，
配套音频随身听

伍多次深入元器件制造企业，反复测试器件性能，与元器件设计师不断探讨，不断迭代优化器件参数。为了去掉一个可调电容，他们对单元电路进行了十几轮的设计改进和长达数月的试验验证；为了解决铷钟真空下过热的问题，他们轮流值守在真空罐旁，充分了解产品特性，持续监测改进效果。

原子钟研究领域的前辈曾说过："原子钟的研制是一项耗费生命的事业。"这不仅指它的难度，还指研制它需要花费的时间。就拿铷钟稳定指标的测试来说，想得到一次测量值，需要连续监测16天，这期间任何异常都会影响测试指标。所以贺玉玲每天上班第一件事及下班最后一件事一定是去实验室看测试数据，认真检查各个遥测数据、检查各个仪器设备的运行情况、维护钟房的稳定运行。

为让"慢性子"的星载铷钟研制跑出快节奏、高效率，他们只能"以百米冲刺的速度跑完一个马拉松"。连续九个月，全体团队成员平均加班八百多个小时，没有休息一天。他们比上级要求的期限，提前一年多拿出星载铷钟正样产品。

这是中国航天史上的第一个高性能星载铷钟！它从立项到工程产品问世，用了不到一年时间！

北斗人创造了世界星载铷钟研制史上的"中国速度"！

在这场星载铷钟突击战中，中科院武汉物数所梅刚华研究员，还带领团队创造了世界星载铷钟精度的"新高度"。

其实，当时中科院武汉物数所星载铷钟团队，是国内三支研制团队中唯一没有合作研制单位、没有交叉优势的团队，独立自主进行整机研制，面临着重重挑战。首先是工程经验的挑战。长期以来，大到整个物数所，小到梅刚华所在的研究室，基本都是从事基础研究的，没有任何工程实践。其次是电子线路设计、制造技术的挑战。过去他们主要从事物理系统技术攻关，对于电子线路系统技术几乎没有涉及。三是质量控制技术的挑战。航天产品质量要求苛刻，需要一系列严密的控制措施和规范的控制流程来保证，航天部门在长期的航天实践中，形成了一整套航天产品质量控制体系。但对于这些，中科院武汉物数所星载铷钟团队认识不深、理解较浅。

可眼前的困难，难以束缚梅刚华心中的理想：十年内，我们要让中国星载铷钟技术站上世界之巅！

有人听了，说他这话"不靠谱"。因为当时我们国家不仅没有星载铷钟，就是普通铷钟的性能指标也比国外的差了两个数量级。星载铷钟不仅精度要求高，还要满足极其苛刻的小型化、低功耗、高可靠、长寿命的要求，尤其要适应太空复杂环境，研制难度非常大。在此情况下，中国星载铷钟在短期内登上俯瞰天下的高度，现实吗？为此，有些人在背地里给他取了个外号："高眼光"。

梅刚华"眼光高"不错，他"功底足"也不假。他1985年硕士毕业分配到中科院武汉物数所，便开始结缘原子钟。两年后，又转向基础研究，探索用极化原子束磁偏转实现同位素浓缩方法，获得中国科学院自然科学成果奖，积淀了厚实的原子分子理论基础。后来他又担任研究所科研处处长。1994年北斗工程正式立项，亟须星载原子钟关键技术支撑。物数所紧急组建原子频标研究部，梅刚华又重返科研一线，担任该研究部主任。长期的科研攻关、科研管理实践，使梅刚华不仅具备很强的科研攻关能力，而且有着丰富的工程管理经验。

在长期的科研实践中，梅刚华近乎固执地认为，走别人走过的路，做别人做过的事情，跟在别人后头一步一步地撵，没意义、没意思。秉承这样的思路，他通过对国内外星载铷钟技术的深入研究，对自己的星载铷钟研制提出了一个难度超大因而没人敢尝试的崭新的技术方案。

目标确定后，梅刚华攻关的韧劲更足了。项目攻关拉开序幕后，一个个挑战、一道道技术难关，就像一丛丛荆棘、一片片沼泽扑面而来，不断地阻碍着他们前行的脚步。时间毫不留情地一天天逝去，那嘀嗒作响的秒针走动声，就像一记记重锤，敲击着他的心房，让他心急如焚。梅刚华寝食难安，常常连续几天几夜连轴转，头上突然出现的斑秃，一撮一撮往下掉的发丝，让他怀疑自己会过劳死。但即便如此，梅刚华依然不住地催促自己："把步子迈快些、再快些！"他带领团队一个月时间便完成了星载铷钟工程化任务。

梅刚华还有着宽广的胸怀。专家们前来验收产品时，发现它能适应恶劣的太空环境，完全达到星载要求，但当专家们考查产品质量控制情况时，却发现产品质量"基本不受控"，也就是说梅刚华他们的产品质量偶然性很大，难以确保质量长期稳定。专家们指出这一问题时，话说得很严肃，甚至有些难以入耳，让人屁股底下像长了刺儿般坐不住。但梅刚华不仅坐住了，还听进去了，并当场真诚地感谢大家的"苦口良药"。会后，梅刚华带着队伍去专家们的单位参观学习，借鉴产品质量控制经验。在此基础上，他们快速建立起质量控制体系，建立了一条符合航天规范的生产线，制定了一系列设计、工艺文件，当年就通过了国际标准化质量管理体系认证。2006年，他们研制完成第一台正样产品，专家们再次来到物数所时，不仅发现他们的星载铷钟性能达到高精度标准，而且产品质量也由"基本不受控"转变为"完全受控"。

2010年，北斗工程"两总"开始布局"高精度"星载铷钟攻关时，梅刚华"胃口"更大了，在积极推进"高精度"产品研制的同时，启动了比当时新一代星载铷钟更胜一筹的"甚高精度"产品攻关。

梅刚华带领团队经过五年的艰苦奋战，终于拿出了中国第一个"甚高精度"星载铷钟。它的计时精度比"高精度"产品提升十倍，达到一百亿分之三秒水平，比当时其他国家的同期产品性能指标高很多！

星载铷钟精度指标通常是十万年差一秒，而梅刚华团队研制出的星载铷钟三百万年差一秒！

如果这个"甚高精度"星载铷钟穿越到秦始皇时代，它运行到现在误差还不到一毫秒！

中国，在世界星载铷钟领域，奇迹般地完成了由追赶到领先的逆袭！

# 确保『零隐患』

北斗二号提供的是亚太地区的导航服务，需要卫星组网，要求卫星系统在几年内提供十几颗北斗导航卫星。而当时，我国卫星研发依然处于单线模式，即"一星一设计"。这种模式下，一颗卫星的生产周期短则两到三年，长则四到五年。这种传统的卫星研发模式，显然难以适应快速组网的要求。

北斗工程"两总"紧急启动北斗导航卫星研制生产产品化、批量化改革。这是中国航天史上前无古人的重大创举！

为了完成这一中国航天的历史性跨越，北斗工程"两总"给卫星系统组建了一支人才济济的研发团队。

总设计师谢军（后任卫星系统首席专家），生于 1959 年，1982 年大学毕业后，被分配到中国空间技术研究院工作，这时正值中国酝酿建设

主播：于蒙蒙

微信扫码，
配套音频随身听

自己的卫星导航系统之际。因此，谢军开始关注北斗卫星导航技术。参加工作后，谢军先后参加过十多颗卫星、几种飞船的研制，参与或主持完成数十项航天关键产品，每项科研、每件产品，他都做得踏实过硬。

凭着这股子认真踏实劲儿，谢军先后成为研究所里最年轻的研究员、最年轻的副所长、最年轻的所长。长期的科研攻关实践，培养了他吃苦耐劳、锲而不舍的坚强毅力，视野开阔、思维严谨的学术品质，顺时不骄、逆境不馁、临危不乱的沉稳性格。

总设计师杨慧，1995 年从东北重型机械学院硕士研究生毕业时，正值北斗卫星导航系统工程启动之际。她一到空间技术研究院工作，就加入了北斗卫星团队。由于工作严谨细致、创新意识强，她很快脱颖而出，成为"北斗一号"卫星系统副总设计师。

谢军、杨慧作为团队的"领头羊"，没有辜负大家的期望，在北斗工程"两总"和单位领导的指导下，通过大胆探索，带领团队大刀阔斧地进行导航卫星批量化生产改革。

卫星研制生产批量化改革能否成功，关键在于质量控制，也难在质量控制。在"手工作坊"式的传统模式下研制卫星，质量出现问题，只是"一坏坏一个"。而将实验室孤品搬上流水线，形成批量化生产后，卫星一旦出现丁点瑕疵，就会"一坏坏一批"，给国家带来不可挽回的巨大损失。为此，他们提出了"向管理要质量、向科学要效率"的整改目标，把质量控制重点放在产品源头上，在设计、工艺、生产、检验、测试五大环节进行量化控制、层层把关，确保进入流水线的每一个"母品"，都是零隐患的精品。

卫星系统由若干分系统、数十个支系统组成，一颗卫星由数百种设备、上万个零部件构成，数十家研制生产单位遍布全国各地。为把好每一个产品的质量关，谢军每年有三分之一的时间待在基层，坐火车，乘飞机，开会讨论，协调工作，组织联调联试，成为他的生活常态。

那些生产厂家的领导"非常害怕谢总来"。因为谢军无论去哪个单位，往往都是奔着问题去的，而且原则性很强，对产品质量问题不容商量、寸步不让，常常与厂家领导吵得面红脖子粗。但厂家领导们又"盼望谢总多来"。因为谢军发现问题后，从不当甩手掌柜，总是帮着出主意、想办法，而且问题不解决，他绝不会离开。

北斗导航卫星首次采用国产行波管放大器。研制单位费了九牛二虎之力，终于研制出了六台。可是，谢军对产品认真检验后发现，个别产品的性能虽能勉强达到上天的指标，但与合同要求还有一些小差距。谢军当机立断，要求他们重做。

厂家领导有些为难地说："重做至少需要半年。可卫星还有两个月就要上天了。"

谢军坚持道："设备性能指标、北斗工程进度，一个不能少，两个我都要！"

他立刻召集大家，分析产品性能指标出现"小差距"的原因，找出关键部位和关键部件抓紧整改。仅用一个多月，厂家便完成了产品性能提升，既保证了产品质量零缺陷，又确保了卫星上天不延误。

为了研制出高质量卫星，确保卫星上天前"零故障""零隐患"，卫星系统总设计师杨慧经常对大家说"地上芝麻大的事，上天后就是捅破天的事"，鼓励大家："你若爱北斗，你就骂北斗。"

"爱北斗就骂北斗"，这句话的背后，有一个她终生难忘的故事。

2007年2月3日凌晨，杨慧作为总设计师带领大家研制的"北斗一号"备份星，成功升天、顺利入轨。哪知，卫星入轨四十分钟后，它突然失联了。

杨慧险些晕倒在地。这颗卫星凝聚了多少人的期待，又汇集了多少人的心血啊。要是它真的跑丢了，她无法面对寄予厚望的各级领导，无法面对倾心支持她工作的父母，无法面对与她同甘共苦的同志们，更无法面对自己！

"我一定要把它找回来！"凭她对这颗卫星深入透彻的了解，她坚信一定能把它找回来。

在北斗工程"两总"领导的坚定支持下，杨慧带着团队开始营救行动。她让自己的思维沿着"卫星信号中断"——"中断原因"——"故障部位"的方向顺藤摸瓜，很快发现是一个元件突然短路，导致卫星失灵。

杨慧立刻组织大家制订并实施抢救方案，连续奋战几十天，终于把卫星救活了，所有性能指标恢复如初。这时，杨慧突然发现自己两个月前的满头青丝，竟白了一大半。

卫星发射的一波三折，给她上了一堂极其难忘的航天课，让她对航天的高风险有了更加深刻的认识。航天，容不得丝毫瑕疵，不能有半点盲目自信，唯有谨慎、谨慎、再谨慎，细致、细致、再细致。而作为卫星总师，首先要当好一名"把关人"，把好每一个产品的质量关，把住系统与系统、产品与产品的每一个连接关，把住全局系统整体水平，确保每一颗卫星零隐患。

杨慧抚着自己黑白掺杂的发丝，深有体会地说："过去，我每次听到别人批评的话，心里就觉得不舒服。通过这事，我深深感到，骂其实是一种爱，只有经常挨骂、虚心接受批评，身上的缺点才会越来越少。人是这样，卫星也如此。"

正是这样的大彻大悟，她担纲"北斗二号"总师时，真诚希望别的系统和下属单位对她的工作挑毛病，提意见，哪怕言辞激烈的批评，她也会闻过则喜，有过则改，并经常组织系统与系统之间相互"鸡蛋里挑骨头"，挑出问题就坐下来议一议、论一论，甚至争一争、吵一吵，不争出个子丑寅卯，吵出个明明白白，不罢休，不散场。

谢军、杨慧通力合作，不仅牢牢把住了卫星质量关，确保了所有组网卫星无故障、无隐患，而且实现了卫星研制生产效率大幅提高，由过去几年研制一颗跃升到一年生产十几颗，而且测试人员减少了50%！进场前总装与测试周期缩短了一个月，研制成本大幅降低！

# 中国航天的王牌火箭

"北斗二号"卫星快速发射、抢占通信频率，不仅给卫星系统提出了流水线作业的紧迫要求，同时也给运载火箭系统带来了"批量化"生产的严峻考验。这一中国航天史上开天辟地的改革重任，落在了运载火箭系统总指挥岑拯、总设计师姜杰身上。

姜杰 1988 年硕士研究生毕业后，便作为科技骨干参与"长三甲"运载火箭研制。别看她看上去一副"女神"样，挂在脸上的微笑，有如一抹春风拂过一汪湖水，工作起来却是个不让须眉、敢于担当的硬角儿。在一次发射中，运载火箭首次上了系统级冗余技术[5]。为稳妥起见，运载火箭在发射场先后测试了三次，连续运行近一个月，技术性能非常稳定。可在发射前三天进行第四次测试时，程序配电器软件突然冒出问题。在此情况下，为保险起见，有人建议推迟发射。

姜杰权衡再三，说："发射窗口一刻值千金，过了这村，难找这店，再说各个系统已准备就绪，我们影响全局就得等一个月。咱们一定要在72小时内找到并排除故障。"

有人还是担心："那万一找不到怎么办？"

姜杰说："我们要相信自己！"

有人说："万一出了问题谁负责？"

姜杰说："我签字！我负责！"

她顶着天大的压力，组织发射试验队员迅速定位问题，三天内两次往返北京，组织专家评审，开展软件修改和试验验证，72小时没合眼，终于赶在发射窗口前将问题"归零"。

岑拯和姜杰一样，也是硕士研究生一毕业就加入了"长三甲"系列火箭的技术攻关，负责气动设计。气动设计是个航天领域的"老把戏"，前辈们已经做得很成熟。但岑拯凭着一股钻劲，发现了不少创新点，让"老技术"实现了多个方面的"新进步"。1994年"长三甲"运载火箭首发时，岑拯虽然是一名留守后方的预备队员，但他和前方队员一样，认真细致地做好每一项检测工作，不但发现了火箭**伺服机构**⑥"间歇性罢工"现象，而且循着隐患的蛛丝马迹追根溯源，终于发现是伺服机构的油管被冻住了，使问题得到有效解决。2000年初"长三甲"第四次发射，发射前加注二级氧化剂时，出现加注液位差错，发生了溢出事件，直接影响了次日的火箭发射。时任副总指挥的岑拯，带领团队通宵达旦，仔细查阅设计文件，分析事故原因，终于从历史记录中发现了类似事故的记录，并以此作参考，提出了解决问题的方案。

姜杰和岑拯，一个阳光、泼辣、敢于担当，一个细致、沉稳、临机处置能力突出，他们走上"长三甲"系列运载火箭项目总设计师、总指挥领导岗位后，被航天界誉为"黄金搭档"。两人在工作中团结协作、密切配合，带领团队攻克一项项航天关键技术，使"长三甲"系列运载火箭首次具备小倾角发射卫星和大姿态调姿的能力，技术达到国内领先、国际先进水平。他们一起创造了多个"首次"，比如：首次攻克被列为"长三甲"运载火箭"生命工程"项目的控制系统冗余关键技术；首次研制成功激光惯组[7]、三冗余箭机、三冗余程序配电器等新状态控制单机；首次应用"激光惯组＋平台主从冗余控制"方案，使"长三甲"系列火箭成为中国航天的"王牌火箭"。

"长三甲"系列火箭，包括"长三甲""长三乙""长三丙"三个型号液体运载火箭，是我国现役中型高轨运载火箭中运载能力最大、技术最复杂、适应性最强、发射次数最多、发射密度最高的运载火箭群体，其完成的发射任务，占长征系列运载火箭发射任务的三分之一，而且它的发射成功率、适应性、可靠性、入轨精度在世界主流运载火箭中达到了领先水平。在中国探月工程发射任务中，"长三甲"火箭数次把"嫦娥"直接送入近地点高度200千米、远地点高度38万千米的地月转移轨道[8]，创造了"五发子弹，发发打十环"的航天发射奇迹。

"长三甲"系列火箭，不仅"高、大、帅"，而且是我国唯一既能完成传统的地球同步转移轨道（GTO）、太阳同步轨道（SSO）有效载荷任务，又能执行倾斜地球同步轨道（IGSO）、中地球轨道（MEO）有效载荷发射，还能执行地月转移轨道（LTO）有效载荷发射任务及深空探测任务的火箭。也就是说，要完成北斗卫星导航系统包含中轨道卫星、高轨道卫星、倾斜地球同步轨道卫星在内的卫星组网发射，非"长三甲"系列火箭莫属。因此，航天专家们说："'长三甲'与北斗，是情投意合、天造地设的一对。"

这对"新婚夫妻"如何磨合，使它们更加默契地劲舞长空？作为"男子汉"的"长三甲"系列火箭，当然要随着北斗的节奏"摇摆"。为此，总设计师姜杰、总指挥岑拯带领北斗运载火箭系统团队，对"长三甲"系列运载火箭进行了一系列的管理改革和技术创新。

首先，为适应北斗导航卫星高密度发射的快节奏，姜杰、岑拯带领团队努力探索"流水化""批量化"生产管理新方法、新模式。早在21世纪初，他们就对火箭批量生产能力、资源配置、设备设施配置，以及人、财、物的现状等情况进行广泛调研，梳理出运载火箭批量化生产的37个关键点、大难题，逐一分析研究，提出整改措施，形成了重要的分析报告。在此基础上，进行了覆盖火箭研制生产全系统、全领域、全过程的一系列改革，建成了运载火箭生产总装模式"流水线"。

北斗导航卫星发射实行"零窗口"管理，要求火箭发射时间和预定点火时间偏差不超过一秒。针对这一特点，姜杰、岑拯带领团队对"长三甲"系列火箭进行了一系列技术改进，使其具备了"风里来，雨里走"的真本事。

北斗导航卫星快速发射，对运载火箭不仅提出"多"的要求，同时提出了"精"的挑战。为强化"长三甲"系列的可靠性，确保万无一失，姜杰、岑拯带领团队给"长三甲"系列火箭加了一道道"保险锁"，使其飞行可靠度达到世界一流水平。

............

"北斗二号"工程立项以来，姜杰、岑拯密切配合，针对北斗组网发射需求，对运载火箭系统共采用了10余项航天最新技术，进行了403项技术改进，其中一枚火箭技术改进多达43项，使北斗导航卫星与"长三甲"系列运载火箭这对"夫妻"，在工作中更合拍、相得益彰。

# 中国北斗的『天然良港』

　　北斗卫星轨道系统设计负责人许其凤院士，带领团队根据"北斗二号"工程特点，结合中国实际，通过深入思考、缜密推演、细致计算，创造性地将地球静止轨道（GEO）、倾斜地球同步轨道（IGSO）和中地球轨道（MEO）运用于卫星导航，设计了第一个"GEO+IGSO+MEO"混合星座。

　　这是国际上首个导航卫星混合星座，因而被誉为"中国星座"。同时，它也是世界上四大全球卫星导航系统中设计最精准、最先进的星座。

　　中国北斗导航混合星座，它不仅对运载火箭提出了高标准、严要求，而且要求发射场区同时具备发射这三种卫星的能力。而全国所有航天器发射中心中，只有西昌卫星发射中心具备这个条件，因而人们说："北斗对西昌情有独钟。"

　　西昌卫星发射中心，堪称北斗的"天然良

主播：初仲

微信扫码，
配套音频随身听

港"。它不仅具有发射纬度低、发射效率高的自然条件优势,而且具有世界一流核心技术、一流设备设施、一流人才队伍、一流组织管理、一流服务保障水平。

西昌卫星发射中心,是名副其实的"中国航天发射品牌",它创造了我国航天史上的一系列第一:

中国第一颗试验通信卫星在这里升空,使中国成为第三个掌握运载火箭低温发动机技术、第四个成功发射地球同步轨道卫星的国家。

中国第一颗实用通信卫星从这里出发,结束了中国人只能租用外国卫星看电视、听广播的历史,打破了西方国家在卫星通信领域的垄断地位。

我国承揽的首颗国际商业卫星"亚洲一号"在这里成功升空,开创了中国航天跨出国门、走向世界的新篇章。

我国首枚大推力捆绑式运载火箭在这里发射成功,标志着中国在世界航天市场竞争力的极大提升。

…………

"北斗二号"工程正式立项并启动高密度发射机制建设后,为确保卫星发射高效高质,北斗工程"两总"对发射场系统提出了"零窗口"发射机制建设要求。

所谓"零窗口",就是要求运载火箭发射时间和预定点火时间偏差不能超过一秒,不允许有任何拖延与变更。围绕这一目标,北斗工程"两总"组织有关系统和部门,对发射场区设备保障风险、意外事故风险、气象条件风险、发射过程指挥风险进行了深入细致的评估。在此基础上，对发射系统进行了一百多项管理改革和技术改造，开创了相同卫星采用相同发射前准备模式，同时组织数次发射任务，既可保障安全，又可缩短卫星发射前准备时间的航天发射新局面。发射系统发射能力连上几个台阶，从过去每年发射两三枚跃升到每年发射十五枚！

航天奇迹的背后，站立着一支素质过硬的航天发射队伍。

西昌卫星发射中心执行了我国所有的北斗卫星发射任务，成功率达到100%！

这一次次密集发射，就是一场场战役、一次次战斗！这个战场，和硝烟弥漫、真刀真枪的战场一样有着明碉暗堡，同样需要大智大勇、当机立断，需要在关键时刻奋不顾身冲过去、扑上去！

运载火箭推进剂液氢是一种极高危燃料：当它的浓度达到一定程度时，一粒大米从一米高的地方掉落下来的能量，就会引起液氢爆炸。因此，大家都说液氢加注队是"刀尖上的舞者"。

李明伟是这支"与魔鬼同舞的舞蹈队"的"领舞"。中心进入密集发射时期后，他在短短五年里，指挥大家完成数十次液氢接收转注任务。

液氢转注现场非常嘈杂，在这样的环境中连续工作，人们会感到头晕目眩。但李明伟在繁重的任务中，头脑却越来越清醒，耳朵也越来越灵敏，能在杂乱的轰鸣声中清晰地辨别出哪些声音是制氢设备的噪声，哪些声音是转注管路中的气流声，哪些声音是从山谷里吹来的风声。队友们也说："队长，你的耳朵竖得越来越直了，简直像神话里的'顺风耳'。"李明伟听了也不否认，嘿嘿笑道："这叫适者生存，环境造人。"

一天上午，李明伟带领大伙儿执行液氢接收转注任务。

"各操作手注意，开始检查管道情况，确认状态！"

"1 号管道正常！"

"2 号管道正常！"

"各操作手注意，开始……"李明伟的第二个指挥口令，下到一半时戛然而止。他突然感到今天的各种声音与往日的有丁点儿不一样，竖直耳朵仔细一听，发现是槽车操作柜传来的声音有些异样。

李明伟脑袋一紧：槽车氢气泄漏！他做出的第一个反应，就是关闭供气阀门，立刻向上级报告。

上级命令："立刻解决，确保安全，绝不能影响发射进程！"

"是！"皮肤黝黑、体形敦实的李明伟回答得干脆、响亮。他一双牛眼朝大伙儿一瞪："同志们赶紧撤离！我一个人留下！"

李明伟拿起氢浓度探测仪，独自向操作柜走了过去。从理论上讲，氢气泄漏五六分钟，爆炸随时可能发生，而此时发现泄漏已有三分钟了。他沉着冷静地打开操作柜，探测仪果然发出嘀嘀嘀的警报声。但具体泄漏点在哪儿？它细如针眼，眼睛看不到，加之操作柜管路复杂，找到它非常困难。怎么办？时间一秒一秒过去，危险在不断增加。

　　在这千钧一发之际，李明伟放下探测仪，把脸庞贴向操作柜那一个个管路连接处，通过气流变化判断泄漏点。当他把耳朵靠近液面计下的管路时，感到有股气流冲进耳朵。他用肥皂水对其进行喷洒检验，果然发现连接焊缝上产生了大量泡沫。

　　李明伟当机立断，火速关闭阀门，并按应急程序给槽车泄压，异响声立刻无影无踪。这时，氢气已经泄漏五分钟了，要是故障没排除……

　　想到这儿，李明伟一屁股坐在地上，额头上冒出一层豆大的汗珠。

# 巡线人员的"长征路"

西昌卫星发射中心的通信线路、供电线路，对于中心通信、供电线路巡线员来说，是名副其实的"长征路"。这些线路不但长，而且一半的线路藏在大山深处。线路保障人员巡线一次，要翻过 5 座大山，蹚过 11 条河流，穿过 30 个村庄，横跨 40 条道路，涉过无数急流险滩，跨过无数田坝沟坎，要徒步行走近 30 天。数十年来，他们每年"长征"数次甚至十几次，但他们一代接一代、一趟接一趟，无怨无悔、步履坚定地行走着，练就了一身下可钻井"入地"、上能爬竿"登天"的绝招，赢得"通信神经网络编织者"的美誉。

在这条"长征路"上，通信技师李三保一走就是 28 年。28 年来，他徒步巡线近 100 次，行程相当于绕地球行走两三圈。他和战友铺设的通信电缆，遍布中心每一个场站、点号和角落，长年巡线、拉缆、接线，走得脚底板坚硬如铁板，手心的老茧，如一层蟹壳，又厚又硬，脸庞被强烈的阳光灼成了古铜色，还有一道道被荆棘划伤留下的纵横交错的疤痕。

李三保初到发射中心时，可是细皮嫩肉的小伙呀。

年轻的李三保刚来发射中心不久，便迎来了一场生死考验——驻地突然爆发史上最强泥石流灾害，洪水裹着巨石、泥沙，猛兽般顺着山坡直冲而下，带着地动山摇的啸叫，扑向田野，扑向村庄，扑向一个个活生生的生命。灾情就是命令。李三保和伙伴们奋不顾身扑向灾区，与灾难争夺生命。在这场特殊的战斗中，李三保曾数次与死神照面。生死考验，让李三保体验了航天人生的艰险、领会了航天人肩负的使命，而那些牺牲的战友，则让他懂得了如何当一名航天人，如何走好脚下这条"长征路"。此后的李三保，哪里艰苦他就出现在哪里，哪里危险他就第一个冲向哪里。

一次任务发射前夕，两条主通信电缆不慎被施工单位挖断。李三保接到抢修任务后，带着大伙儿在凌晨时分赶到现场，发现故障点正好在一条深水沟里。春寒料峭，沟里的水冰冷刺骨。李三保想也没想，就跳了下去，带着战友连续奋战数小时。等到通信线路成功修复时，他们的下半身和双手已被冻得失去了知觉。

一次卫星发射时，李三保和大家照常在通信线路上巡查。在对电缆进行绝缘测试时，他们发现指标稍低于正常值，这表明电缆线受潮了。受潮点在哪儿？如不及时找到它并进行更换，就可能成为发射任务的隐患。这时，离卫星发射窗口只有 10 小时了。

　　时间紧，找点难，怎么办？李三保第一个站了出来："队长，让我带人去排除吧。"

　　不等队长回答，他就把沉重的工具往肩上一扛，带着几名年轻伙伴迅速消失在大山深处，沿着通信线路，时而爬坡攀崖，时而跨涧涉溪，时而踏荆穿棘，逐段排查受潮点，经过5个多小时的"深山捞针"，才在一个维护井旁找到隐患点。

　　当他们兴高采烈掀开井盖时，一股恶臭扑鼻而来。井内污泥很深，把电缆线掩埋得严严实实。必须清除污泥，才能找到电缆线，予以更换。

　　"你们在上面休息，我来。"李三保用手挡住大家，自己跳进了井里。由于井口狭窄，无法使用铁锹，他只能用手一点儿一点儿往外刨污泥。一分钟、两分钟、三分钟，李三保的指甲刨得针扎般生疼，但他咬牙坚持着……一个多小时过去后，他终于刨尽了污泥，找到了电缆线，在卫星发射前3小时，更换了受潮线段，解除了红色警报。

　　无论领导交给什么任务，无论遇到什么险情，走了28年航天路的李三保都会两脚跟"咚"地一靠，响亮地回答一声"是"！只有那次他回家探亲接到中心让他提前归队执行紧急任务时，他表现出了些许犹豫。

　　那次，他母亲病得很重，他是特意请假回家照顾母亲的。接到中心"任务紧急速归队"的电报后，他没敢跟母亲说。母亲的病越来越重，他也没敢跟中心领导说。作为航天人，他知道自己此时此刻该做什么；作为儿子，他也知道现在自己应该怎么做。

天天在病床前有说有笑逗母亲开心的李三保，突然间变得沉默寡言了，不停地在病房里踱来踱去。

虽然病重但头脑依然清醒的母亲，很快发现了儿子的异常。她招手让李三保坐到她身旁，细声问道："小子，告诉娘，是不是单位上遇上急事，让你回去？"

李三保连忙摆手否认："娘，不是的，不是的！"

"小子，你就别骗娘了，你这样子已经告诉娘，单位上分明有急事，让你马上回去。"母亲吃力地笑了笑，"回去吧，你不用担心娘，有人照顾我。"

最懂儿是娘，最疼儿是娘啊！

李三保"咚"一声跪在母亲病床前："娘，卫星一上天，我马上赶回来照顾您。"

可等中心完成型号发射任务，李三保在第一时间赶回家乡时，生他、养他、懂他、疼他、爱他的亲娘，已撒手人寰。

李三保朝父亲号叫、怒吼："我娘走了，你为什么不告诉我？"

父亲像个犯了错误的孩子，嗫嚅道："是你……娘……最后的……嘱咐。"

"我天天打电话问娘的情况，你天天说娘好好的，你为什么要骗我！"

"你娘说……儿子干的是国家的事……是大事，不能……让儿子分心。"

李三保抱着父亲，号啕大哭，哭得撕心裂肺，肝肠寸断。然后，他来到母亲坟前，"扑通"向前一跪，不吃、不喝，跪了一天一夜……

李三保把青春交给了航天事业，把情感融入了脚下的"长征路"，"长征路"也深深地嵌入了他的脑海心田，它在什么地方上坡入谷，在什么位置跨涧涉溪，在什么地方拐了个弯、拐了多大的弯，他都清清楚楚。

一次，大家拿出一张地图，让他在图上描出所有通信线路。李三保拿过绘图工具，当着多名领导和战友的面，在地图上笔走龙蛇。画完后，战友从有关部门找来实地测绘的线路图，两图一对照，竟然完全重合！这让大家不禁目瞪口呆，心中充满了敬意。

# 惊心动魄的首星发射

　　长期从事卫星研制、发射实践的航天人感触最深的是，干航天必须稳之又稳、细之又细。航天是世界公认的高风险活动，任何一个环节出问题，往往都会产生灾难性的后果。与航天相关的事情，丝毫都马虎不得，每个人手中的事情看似不大，但集合起来就是事关成败、事关国家的大事情，不论是哪个航天人，都要想尽办法把自己负责的每一件事做到最细最好。可"北斗二号"工程建设任务太紧迫、时间太短、节奏太快，大家想把工作做细，却没有时间细下去。

　　"北斗二号"首星，肩负着抢占卫星稀缺频率，带领中国卫星导航事业杀出重围的历史重任。同时，作为"北斗二号"组网卫星中的"长子"，它还要为"弟弟妹妹"们探路，探测空间电磁环境，验证 MEO 轨道。它既紧迫而又特殊的使命，决定了它哪怕前有虎狼挡道，也必须勇往直前。

主播：唐睿

微信扫码，
配套音频随身听

北斗工程"两总"领导们预感到，"北斗二号"首星发射将是一次不同寻常的发射。

果然，刚完成星箭吊装，就突然发现卫星喷管不知什么时候被撞了个小缺口。大伙儿的心一下子悬了起来。喷管是与星体直接连接的部件，更换难度非常大，时间已经来不及。如果这个小缺口对卫星飞行有影响，意味着抢占频率已完全无望。那它到底有没有影响呢？

大家都把目光集中在北斗工程"两总"领导们身上，等待着他们的最后决断。

"两总"领导们都是有着长期航天工作经历的老航天。他们凭着数十年的航天经验做出判断："不会影响卫星工作，可以继续下边的流程！"

哪知大家刚刚擦去额头上冒出的冷汗，第二次险情又在离发射窗口只有三天时不期而遇：卫星上的应答机出现异常。

这个问题不排除，卫星到了天上，就是与地面失去联系、形同太空垃圾的聋子！

"两总"领导们紧急开会讨论，当场做出决定："必须尽快找到原因、排除隐患！"

北斗人爬上高高矗立的发射塔架，打开已经密封的星箭组合体，拆出应答机。连续三天，大伙儿昼夜奋战，用专门仪器检测设备，一双双眼睛一眨不眨地盯着数据显示屏，捕捉着每一个细微的变化，终于从细微的数据变化中找到了症结，然后对症下药，把隐患连根拔除。

这时，卫星发射已经进入半小时准备。

可就在这将要拉弓放箭之时，险情又再次出现了——离运载火箭点火只有两分钟时，测试人员发现一个为火箭三级供气的连接器没有按规定脱落。此时，火箭发射已不可逆转，如果连接器不能在两分钟内脱落，火箭点火升空时必被其拉扯，会给火箭、卫星乃至整个发射场造成灭顶之灾！

这时，唯一的希望就看"01"指挥员[⑨]的危机处置能力了。

好在担负此次发射倒计时的"01"指挥员，是名经验丰富的"金手指"。他曾十几次担任火箭发射"01"指挥员，次次圆满成功，被大家誉为"福将"。

只见"01"指挥员镇静自若、临危不乱，在一分钟内连续下达七道指令。相关岗位人员从容不迫，配合默契。连接器终于在大家焦急的目光里缓缓脱落了！

紧接着，发射指挥大厅里，传来了倒计时的声音："10、9、8、7、6、5……"

"01"指挥员果断按下"点火"按钮，托举"北斗二号"首星的"长三甲"运载火箭，在轰轰的巨响中，绽放出美丽的尾焰，扶摇直上，飞向苍穹……

不久，相继从太空传来喜讯："星箭成功分离！""卫星太阳能帆板成功打开！"

虽然"北斗二号"首星发射成功，但大家的心依然悬着：按国际电信联盟有关条款规定，只有地面终端成功收到卫星信号，才能被认定对该通信频率拥有绝对主导权。卫星何时发回信号？能顺利发回信号吗？

刚组织完成卫星发射的"两总"领导们，当天就从西昌卫星发射中心赶到了西安卫星测控中心。

此时，全国十多家信号接收机研制单位的科技人员，已按照预定计划，集中到西安卫星测控中心，在一个大广场上，把带来的卫星信号接收机摆成一线，等待着在太空翱翔的"北斗二号"首星发回信号。

卫星升空的第一天，十多台接收机显示屏上毫无动静。第二天，依然如故。第三天，包括北斗工程"两总"领导在内的所有北斗人，都有些坐不住了。大家纷纷绕着十几台接收机踱来踱去，不断用目光扫描那些接收机显示屏。

4月17日20时，十多台接收机几乎同时收到从太空传过来的信号，而且非常清晰！

这一刻，离频率资源七年"有效期"的截止时间只有四小时！它意味着中国赶上了建设卫星导航系统的最后一班车！它为中国卫星导航事业打开了一扇充满阳光的希望之门！

西安卫星测控中心广场沸腾了！

# 把「敌人」压下去

对于"北斗二号"卫星导航系统建设来说，惊心动魄的首星发射，只是惊险、艰难的序曲。

这不，"北斗二号"首星发射不久，北斗人正紧锣密鼓准备发射第二颗卫星时，一场没有硝烟的电子对抗战又不期而遇——卫星突然遭遇来自地面的大功率复杂电磁干扰，导致地面终端信号接收率竟不足 50%！

如此之低的信号接收率，无异于宣布北斗卫星整个废了。"北斗二号"第二颗卫星发射准备工作按下"暂停键"。

对付强电磁干扰的法子，只有两种：一是"躲"，就是改变卫星信号频率，躲到没有电磁干扰的频率上去；二是"抗"，即提高卫星抗干扰能力，让北斗卫星拥有更加强大的电磁对抗能力，把来自地面的强大电磁干扰这个无形的"敌人"压下去！

主播：于建华

微信扫码，
配套音频随身听

"躲"，显然已不可能。"北斗二号"使用的频率，是北斗人一路冲锋陷阵才争取到的唯一可用频率，想"躲"已无处可"躲"。

唯一的出路是"抗"！

据专家们计算，要确保把强大的电磁干扰这个无形的"敌人"压下去，同时又确保"北斗二号"第二颗卫星发射不受影响，必须在三个月内把卫星抗干扰能力提升 100 倍以上。

哪个科研团队能完成这两个"确保"？

北斗工程"两总"的领导们，不约而同地想到了一个团队——某工程技术院校北斗团队。这支以王博士、欧博士、孙博士、雍博士为骨干的北斗团队，是一支北斗导航关键技术攻坚领域的"李云龙"式突击队。

他们以"黑马"之势参与北斗卫星导航工程，大胆采用"全数字信号处理"技术路线，突破"快捕精跟"瓶颈，并创造了"世界领先"的优异成绩。在此之后，他们继续在北斗导航技术创新路上攻坚克难，取得了多项关键技术成果。

2000 年，"北斗一号"系统终于建成开通了。但这时用户终端机小型化技术依然没有突破，是"大哥大"的五六倍，严重阻碍着"北斗一号"卫星导航系统的推广应用。

以我国当时的电子产品设计水平、制造工艺水平及元器件水平，终端机实现小型化，难度非常大。因此，全国没有一个设计生产厂家敢于承接这一任务。

关键时刻，刚刚完成"快捕精跟"攻关的某工程技术院校北斗团队，再次勇敢地站了出来，承担起"北斗终端机小型化"攻坚重任，承诺"一年内拿出与 GPS 用户终端机一般大小的北斗终端机"。

为增强北斗团队攻坚力量，学校从相关学科专业为他们抽调了一批精兵强将。强大的攻坚力量、密切的合作，确保项目研制稳步快速推进，他们相继攻克了设备小型化、模块化、集成一体化等关键技术，拿出了工程正样机型，实现了批量生产。

研制期限一年，他们提前了半个月。手持终端机体积，与 GPS 用户终端机相当，只有小孩手臂般粗细！

这款功能强大的北斗一代地面应用指挥终端，由天线、主机、监控计算机组成，具有全方向高灵敏度信号捕捉能力、稳定高效率的信号发射能力，能对北斗卫星信号进行实时跟踪处理，具有监视指挥调度等功能。它的适用性能强，无论是在戈壁沙漠、雪域高原，还是在远海大洋、边陲海岛，都能使用，真正实现了"像 GPS 那样具有'轻、快、精'特点"的研制目标。

"北斗二号"工程启动后，该团队瞄准北斗导航核心关键技术全面出击，在多个方向核心关键技术取得突破性成果，为"北斗二号"工程建设尤其是成功抢占频率做出了突出贡献。

现在，该团队再次临危受命，肩负起把强电磁干扰这个无形的"敌人"压下去的突击任务。

这个任务非常艰难。卫星安装载荷的空间非常有限，各种载荷所占空间都是固定的。导航卫星上留给抗干扰设备的地方很小，而且功耗要保持低水平。现在要在体积不变、功耗不增的情况下，把抗干扰能力提高数百倍，就像"把大象装进老鼠的身体里"。而要完成这么一个近似"天方夜谭"的科研项目，只有三个月时间。

但他们有气魄。

欧博士代表团队进京受领任务，北斗工程"两总"领导说："卫星体制不能变、信号频率不能变、下颗星发射计划更不能变，卫星抗干扰指标要提高数百倍，你们能不能做到？"

欧博士回答："能！我们一定能！"

领导说："时间只有三个月。"

欧博士回答："我们保证一天不超！"

领导说："敢立军令状吗？"

欧博士说："自从参与北斗工程，我们已经立过两次军令状，难道还怕第三次？"

领导说："前面两次完成得非常出色，希望你们再创奇迹！"

欧博士说："绝不辜负'两总'的期望！"

领完任务，欧博士急着赶回单位部署攻关。哪知突降特大暴雪，民航机场封闭。他登上南下的特快列车，由于暴雪封路，"特快列车"变成了"特慢列车"，走走停停，磨磨蹭蹭，到达长江边时，竟然趴窝了。

既然任务紧迫，天公又不作美，只能想方设法与时间赛跑。欧博士掏出手机，打通王博士、孙博士的电话，汇报情况，共同协商调兵遣将、排兵布阵事宜。

攻关团队迅速组建，任务分工立刻展开：陈高工当晚启程前往西安，负责硬件设计与生产；李博士、唐博士、黄博士、聂博士等立即展开算法攻关，开发软件；孟博士等提出测试解决方案……

时间仓促，任务紧迫，系统庞大复杂，最容易出现问题，也最担心出现问题——一旦出现差错，耽误时间，就无法保证按时完成任务。

为避免出现差错，团队领导在动员会上，对大家提出一个"不近人情"的要求："每个人务必谨慎、细心，确保工作万无一失，绝不允许出现任何纰漏！"

人非圣贤，孰能无过？大家心里都在犯嘀咕。但大家什么也没说，默默离开会议室，开始背水一战。饿了，吃盒饭；困了，在沙发上躺一下，爬起来接着干……

为避免工作失误影响攻关进程，团队领导建立了对每天完成的工作实行"个人查错、相互纠错"机制，力争不出错，确保把差错消灭在萌芽状态。

一年一度的春节，不知不觉来临了。七天长假如何安排？

团队领导王博士绞尽脑汁、思前想后，给大家下了一个很特别的通知："在大年三十到初二这三天，大家可以不来加班。"

"可以不来加班"，大年三十那天，部分同志琢磨着这句话的意思，来到实验室，只见团队领导王博士、欧博士、孙博士和往常一样，一大早就来了。消息传开，团队成员一个不落地赶来加班。

春节七天假期，所有团队成员每天在实验室加班十几个小时。

他们以惊人的毅力、超凡的付出，兑现了庄严的承诺：

时限三个月，他们提前了二十一天！

产品抗干扰能力，比原有设备提升 1000 倍！

北斗卫星信号有效接收率从不足 50% 跃升到 100%！

他们把图谋不轨者的强大电磁干扰电波这个无形的"敌人"，活生生地压在了地面上！

中国北斗继打赢频率争夺战后，又完胜一场电子对抗战！

# 卫星生死存亡时刻

2010年1月17日，西昌卫星发射场，一枚"长三丙"运载火箭"轰隆"一声，托举"北斗二号"第三颗组网卫星，扶摇直上，直刺苍穹。

发射指挥大厅里，大家目不转睛地望着前方屏幕墙。

火箭起飞10秒，测控系统报告："火箭飞行正常！"

火箭起飞30秒，测控系统报告："火箭飞行正常！"

火箭飞行50秒，开始偏离预设轨道。安控显示屏上，速度曲线出现连续大幅度跳变，5秒之后，数据跳变依然剧烈，不断跃出炸毁线，表明火箭已岌岌可危。

在此情况下，若无法继续实施安控，只能引爆火箭。在国际航天活动中，对于类似事件，几乎所有国家都是这样处理的。

主播：李梦竹

微信扫码，
配套音频随身听

现在，这枚火箭炸与不炸，就看安控专家车著明如何判断了。而此时此刻，可供车著明判断的依据，只有他眼前那块小小屏幕上不断滚动的数据，而且判断时间是那么短暂——只有七秒钟！

大家聚焦在车著明身上的目光中，有焦急、不安，更有期许和信任。

在大家心目中，车著明是一条在数据之海里游泳的"鱼"。他为这片海而生，因这片海而成长，也因这片海而快乐。在西昌卫星发射中心，流传着许多他与数学、数据的有趣故事。

1963年生于湖南邵阳县的车著明，由于家庭贫困，初中毕业后直接进入中专院校，然后成为一名锅炉厂的技术员。他在紧张劳动之余积极参加自学考试，每天坚持凌晨三点起床，自学数学专科课程。在自考本科期间，车著明创造了一个"考生扳倒考官、推翻标准答案"的传奇。那次数学考试成绩公布后，车著明的成绩竟然不及格！他反复回忆每一道题的答题情况，感觉自己都答得非常圆满。但为什么会不及格呢？他专程来到省城长沙，找到自己的答卷和标准答案反复比对，结果发现那道被判"错误"、导致成绩不及格的高分题，自己并没有错，而是专家给出的标准答案失之偏颇。负责提供标准答案的大学数学教授，从自己的"失误"中，发现了一名难得的数学奇才，教授不仅以车著明答卷作为标准答案，重判所有试卷，而且破例接见车著明，鼓励他报考硕士研究生，并破格把他录取为自己的弟子。

1993年，车著明以优异成绩拿到基础方法研究和数学建模专业硕士学位后，主动要求前往西昌卫星发射中心工作。这个创建于1970年的卫星发射中心，是我国卫星发射自然条件最佳、发射任务最繁忙的卫星发射基地，在数十年欢笑与泪水相伴的发展历程中，这里创造了中国航天的辉煌，也留下了浩如烟海的测试数据。

车著明面对这些海量数据，仿佛鱼儿突然发现了大海。他深知，这海量数据，虽然看起来杂乱无章、枯燥无味，但其中隐含着各种规律，若能把它们从海量数据中识别出来，有选择地抽取，运用到航天发射实践中，那可比黄金还要贵重百倍、千倍。

车著明纵身跃入这片浩瀚的大海，日复一日，无比惬意，甚至还有些痴迷地在这片大海里畅游起来。

一个同事就住在他家楼下，一天半夜，同事在迷迷糊糊中突然听到有人拿钥匙开自己家房门，不禁感到一阵毛骨悚然。他战战兢兢拉开房门一看，站在门口的竟是楼上的车著明。车著明还瞪大眼睛问他："咦，你怎么在我家？""这是我家，你家在楼上呢。"同事真是哭笑不得，车著明赶紧致歉："对不起，我还以为这是四楼，是我家呢。"

凭着这股子痴迷劲头，车著明基于中心那片浩瀚的数据之海，开发了"火箭遥测信息快速处理系统""航天发射数据快评系统"，研究液体火箭爆炸危害的定量分析，有效节省了卫星燃料，延长了卫星寿命。尤其是历经两年攻关，通过误差分析、误差传递建立的"火箭飞行精度预报系统"，使火箭飞行精度大幅提高。打个比方，20世纪90年代初，我国的火箭发射精度是"从海南打一个高尔夫球到黑龙江一个高尔夫球场上",而车著明的这个系统,把我国火箭飞行精度提升到"从海南直接把高尔夫球打到黑龙江高尔夫球场的球洞里"。

车著明的研究成果,先后荣获部委科技进步一等奖一项、二等奖七项,发明专利三项,他也入选总装"1153"第一层次人才、总装"双百人才"科技领军人才、全军高层次科技创新人才工程学科拔尖人才培养对象,被评为全军爱军精武标兵,并荣立一等功。

早在十多年前,就有一家公司慕名找到车著明,以近百万年薪外加一套150平方米的住房为酬劳,动员他转业。那时他的年薪还不到四万。可面对巨大诱惑,他说了声"谢谢",轻轻摇了摇头。

公司老板很不理解:"为什么百万年薪不拿而心甘情愿拿四万?"

车著明用他习惯的数学方式回答:"人生就是由无数个一和零组成,年薪百万,无非是银行卡上多了几个零,但我知道,我真正想要的还是一,一种事业,一种信仰。"

公司老板还是不解:"信仰,现在还有人讲信仰?"

"有!我就有信仰,我的信仰是报恩。"车著明说,"在旧中国,我80多岁的曾祖母被日本人抓去做饭,日本人一耳光把她打得昏死过去。为躲避日本人的战火,我三个月大的小姑妈被藏在床下饿了三天三夜,奄奄一息,险些夭折。由于日本人的烧杀抢掠和严密封锁,我外公外婆1943年因缺医少药在同一天身患怪病去世,13岁的母亲和她的两个弟弟成了孤儿,此后小舅又死在被日本人追赶的逃荒路上。是共产党领导人民闹革命，建立了新中国，让我们这样的穷苦人民翻身做了主人。我的祖母在新社会里活了101岁。我家里五个兄弟姐妹，人人读到高中以上，还出了三个大学生。新旧社会，我家的巨大反差，让我明白一个道理：落后就要挨打。感恩新中国，感恩伟大的中国共产党是我的本分；报答党的恩情，努力工作，让祖国强大起来，是我一生的信仰。"

大家坚信，在这千钧一发之际，车著明一定能做出准确的判断。

此时此刻，车著明心里的压力可想而知。火箭、卫星，价值数十亿元的设备，现在炸与不炸就听他一句话。若是他判断失误，不该炸而炸了，或是该炸而没炸，都会给国家和人民带来重大损失，他都是罪人！

但车著明一脸自信镇静，冷峻的目光不住地在几块显示屏间切换，反复仔细比对那些瞬息万变的测控数据。他天天跟数据打交道，它们就像他放牧已久的羊群，哪只羊什么颜色、个头多大，他都心中有数。

第七秒，只见车著明慢慢从椅子上站起来，轻轻吁了一口气说："是设备跟踪故障，火箭没有问题。"

果然，根据车著明的判断，对有关设备进行跟踪，发现是火箭搭载的设备给出的下行信号不稳定，对其进行针对性调控后，测控数据渐渐趋于稳定，火箭飞行各项指标良好，发射任务又一次获得圆满成功。

　　大家不约而同地朝车著明竖起大拇指，发射中心首长紧张而又感动地握着他的手说："著明，你又为我们中心、为北斗导航立下了大功啊。要不是你排除火箭问题，引爆程序一旦启动，我和我们中心就是罪人啊。中心感谢你，我感谢你这个大功臣！"

# 巧钻云缝奔苍穹

通过轨道专家精准计算，"北斗二号"第九颗组网卫星最佳发射窗口是：2011年7月27日5时44分。

发射场区气象预报系统预报，该发射窗口有降雨过程，是否影响发射，有待继续跟踪确定。

北斗不是单颗卫星，而是二十多颗卫星组成的一个网络星座。星座的设计要求很高，要保证在地球上任何一点，能同时看到四颗卫星，这样卫星与卫星之间不能靠得太近，要分散开，间隔越远越好，而且卫星间距必须是确定的，这就要求每次发射的卫星，不仅要准确入轨，还要保证在特定时间进入轨道某一个点，若错过发射窗口，就定不了位、入不了轨。对于北斗星座的卫星来说，发射窗口非常稀少，珍贵得"一秒值千金"。

北斗工程"两总"决定按计划启动发射程序。

主播：孟翔

微信扫码，
配套音频随身听

卫星、运载火箭进场，星箭对接，综合检测等发射前准备工作顺风顺水，哪知发射前两小时，发射准备工作全部就绪，现场人员准备撤离时，发射场区上空仿佛突然罩下一口大黑锅，乌云滚滚，电闪雷鸣，大雨倾盆。直到凌晨 5 时，距离发射窗口只有半个多小时了，发射场区依然风狂雨骤，山呼海啸，雷电张牙舞爪，撕裂长空……

天气恶劣的程度，远远超出了气象预报！

卫星发射，不怕风，不怕雨，就怕雷电。若是运载火箭发射升空中遭遇雷电，随时可能发生爆炸！

因此，火箭发射窗口必须确保发射场区周边 10 千米内无雷电。

"北斗二号"第九颗组网卫星，还能在预定窗口发射升空吗？这就要看发射场区气象预报系统，能否在电闪雷鸣间觅到发射机遇了。

西昌卫星发射中心，地处川西高原山区腹地，海拔两千多米，雷电气象多发，雨季漫长，是全球十大卫星发射场中气候条件最复杂的。

一次次风雨兼程、一回回擒雷捕电，培养了一批技术精湛的技术骨干，锻炼了一支临危不乱、预报精准、作风踏实的气象预报队伍，团队气象预报总体水平始终处于世界前沿，为发射中心创造发射成功率 100% 的航天奇迹提供了有力的气象保障。

据统计，西昌卫星发射中心创建以来发射的一百多颗卫星中，几乎一半发射任务是在雨季执行的。在狂风暴雨中为卫星发射寻找升空机遇，对于西昌卫星发射中心气象预报团队来说，已成为家常便饭。

这次，他们能再次为"北斗二号"第九颗组网卫星发射觅得良机吗？

发射指挥部要求气象预报团队每隔 10 分钟报告一次场区未来 10 分钟的天气情况。可预报团队经过严密计算发现，从 5 时 10 分到 5 时 30 分，发射场区均为"雷电交加"。

这似乎意味着，"北斗二号"第九颗组网卫星已经没有希望在最佳窗口发射升空。

可发射指挥部依然不想错过最佳发射窗口，再次命令气象预报团队："以最快速度，拿出 5 时 35 分至 45 分气象精准预报！"

5 时 45 分，是发射窗口的最后机会。错过它，"北斗二号"第九星发射，就真的过了"这村"，难有"这店"了。

最后关键时刻，气象预报团队终于用犀利的目光，拨开重重迷雾，洞穿暴风骤雨，在电闪雷鸣间，为"北斗二号"第九星出行找到了一条"羊肠小道"：5 时 43 分至 45 分，发射场区周边 10 千米空域没有雷电，满足最低发射条件。

5 时 43 分至 45 分，短短两分钟，120 秒，完成一次程序复杂的卫星发射，在世界航天史上绝无仅有！

指挥部当机立断：机不可失，时不再来，发射！

5 时 43 分，果如气象预报团队预测的那样，发射场区的电闪雷鸣戛然而止，狂风暴雨骤然停下，乌云压顶的天空，慢慢裂开一

条云缝，露出一线细长的星光带，发射场区突然一片宁静……

发射场区开始回荡起"01"指挥员的声音。

"发射进入倒计时两分钟准备！"

"发射进入倒计时一分钟准备！"

"10、9、8……"5时44分28秒，指挥员一声"点火"，果断按下红色按钮。

"轰"的一声，乳白色长征火箭展开彩色羽翼，一路呼啸着从狭窄的云缝穿过厚厚的云层，直奔苍穹。

就在这时，只见云缝迅速合拢，天空劈下一道闪电，重重击在发射场区旁的山坡上，"轰隆"一声，地动山摇。

窗口气象预报如此精准，真是神了！

# 「合围」伪距波动

伪距波动就是播发信号的测距误差存在周期性变化，而且波动范围达到数米。"北斗二号"的数颗卫星发射升空后便出现了伪距波动。这个问题不解决，意味着"北斗二号"的定位精度将大大下降，难以达到设计指标，"北斗二号"亚太区域卫星导航系统建成后，将无缘"世界一流"，成为一个"次品"。

伪距波动就像天上又冷不丁掉下的一块"大陨石"，在高速公路上砸出一个大坑，再次挡住了急需高速行驶的"北斗快车"。

北斗工程"两总"立刻组织力量，对伪距波动这只突然跳出来的"拦路虎"展开围剿。

给人治病，首先要找到患病原因。排除北斗信号的伪距波动，首先要弄清为什么会产生伪距波动，找到伪距波动形成机理。北斗工程"两总"把这一任务交给了清华北斗团队。

主播：春禾

微信扫码，
配套音频随身听

以陆明泉为带头人的清华北斗团队，在建设"北斗一号"工程时，就先后完成"北斗一号"系列用户设备和高动态仿真器研制，并实现了产业化，而且市场占有率名列前茅。

"北斗二号"工程启动后，陆明泉又带领清华团队，通过深入调研、精心设计，及时推出首款"北斗二号"用户机，信心满满地参加了"北斗二号"首星发射前的星地对接试验。

连续一周，每天多次星地对接，参加试验的多家单位研制的接收机，均接收正常。组织试验的应用系统总设计师、总指挥向上级领导汇报试验情况后，上级领导高兴之余，表示要到现场观看。

上级领导前来观看的这天，为让试验成果得以完美展现，卫星和接收机早早进入了工作状态。哪知领导来到现场后，对接试验一开始，陆明泉团队研制的接收机突然显示异常，而其他几家单位的接收机依然正常！

前几次试验还好好的，怎么今天突然不行了？为找到问题症结，陆明泉组织团队对产品反复仿真模拟，结果都证明它确实没任何问题。他立刻向应用系统"两总"汇报了这一情况。"两总"迅速赶来与他们会诊，发现接收机确实没有问题。

应用系统"两总"立刻组织反向排查，经过一番艰苦细致的"顺藤摸瓜"，终于弄清了问题的原委。原来，其他几家单位的接收机都存在计数器溢出⑩问题，从而导致错的卫星和同样错的接收机对接正常，唯一没有问题的接收机却出现了异常现象。开始几天对接试验都没有出现问题，是因为对接时间短，计数器还未出现溢出。

而领导视察那天，卫星和接收机提前启动，工作时间较长，便出现了计数器溢出的情况。

问题查清了，大家却忍不住倒吸一口凉气："好险啊，要是那天清华北斗的接收机没显示异常，卫星将带着问题上天，那可就是天大的事！"

以"唯一'错误'证实唯一正确"的奇异方式，在中国卫星导航领域脱颖而出的清华北斗团队，接受了北斗工程"两总"摸清伪距波动形成机理任务后，不等上边拨款，立刻自筹资金，展开伪距波动机理研究，在国内首次运用数学建模、软件仿真新方法，进行深入探索，终于揭开了卫星伪距波动的神秘面纱，提出了地面监测系统改进措施，得到总体、卫星和运控系统的高度认同，为成功搬掉伪距波动这只"拦路虎"提供了准确方向。北斗导航总设计师孙家栋认为："这是我国利用数学工具和仿真手段解决重大工程难题的一个典范！"该成果获得部委科技进步一等奖。

在对伪距波动机理展开攻关的同时，北斗工程"两总"还安排朱炬波教授带领的数据分析与处理团队，对导致伪距波动的"病灶"位置展开排查。

朱炬波是个数学家，擅长海量数据分析。他说自己是一叶喜欢在数据之海上冲浪的小舟。在数十年"冲浪"实践中，他曾运用自己超强的数据分析能力，创造了"把雷达装进小盒子""数学挽救重大试验"等一系列奇迹。

把诊断卫星伪距波动"病灶"的重任交给朱炬波和他的团队，

无疑是值得期待的。

朱炬波他们面对的数据的确很庞大，是名副其实的海量。从中找到"病灶"，不仅需要逐个数据排查，还需要综合分析推理，这是名副其实的"大海捞针"！

朱炬波接受任务后，便与课题组成员在实验室里，一头扎进那片数据海洋。他如同一名老中医，耐心细致地对每一个数据"望""闻""问""切"，终于拨开层层迷雾，让卫星伪距波动的"病灶"现出原形。

在北斗工程的有关会议上，大家鸦雀无声，都把目光投向朱炬波。

朱炬波和盘托出诊断结果：既有卫星系统的"病灶"，也有地面运控系统的"病灶"；误差中偏快的数据是地面系统的"病灶"所致，误差中偏慢的数据是卫星系统造成的。

听完朱炬波汇报的诊断结果及原因分析后，会议主持人说："大家有什么疑问，现在就向朱教授咨询。"与会者都摇头、沉默，然后会场爆发出热烈的掌声。

弄明了机理、搞清了"病因"、找准了"病灶"，北斗工程"两总"协调卫星系统、地面运控系统，对伪距波动展开"合围"，"天上""地上"两大系统，既针对"病症"对症下药，又紧密协作，无缝对接，联合整改，卫星伪距波动现象终于销声匿迹。

2012年12月，北斗二号系统正式开通运行，服务区域覆盖亚太地区。

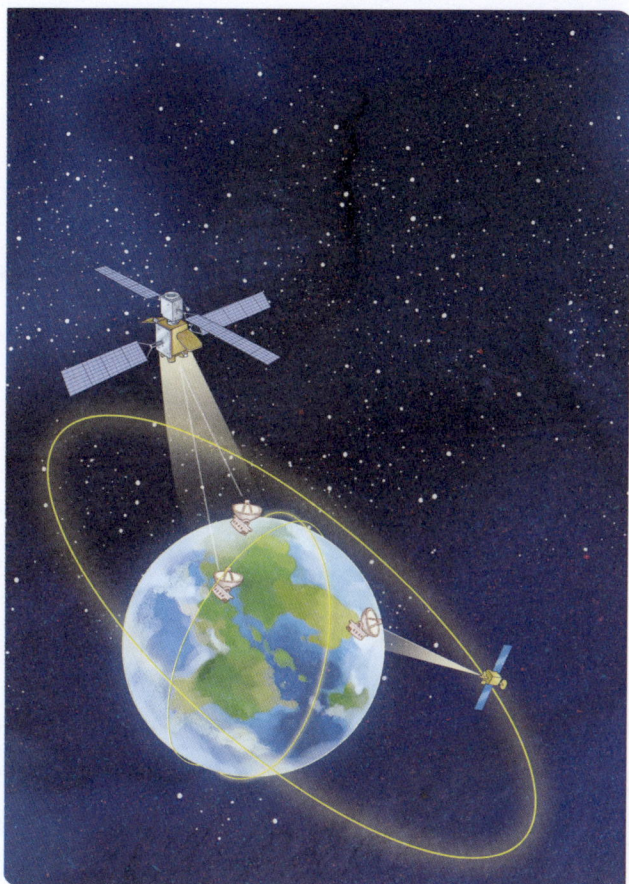

谱写辉煌
北斗三号

# 放眼寰宇，不断创新

　　亚太，并不是中国北斗人止步的地方，而是一个新的起点。"北斗二号"亚太系统宣布开通不久，"北斗三号"全球卫星导航系统建设立刻拉开序幕。

　　"北斗三号"总设计师杨长风，是一名在北斗导航探索阶段就参与其中的"老北斗"。他1958年2月生于湖南益阳，1978年考入国防科技大学，1982年大学毕业参加工作，便参与了我国卫星导航系统建设论证研究工作。他针对我国航天底子相对薄弱这一实际，对我国巨型复杂航天系统工程提出了"多位一体、并行推进、风险管控、自主发展"这一具有战略前瞻性的管理模式。1994年，我国正式上马北斗导航系统，杨长风作为年轻一代科学家被推到台前，他带领研发团队熬过了一个又一个漫漫长夜，攻克了一系列技术难关。

2004 年，"北斗二号"正式立项，急需核心关键部件——星载铷钟。星载铷钟精度要求很高，误差必须控制在 10 的负 12 次方秒，即每十万年只允许出现一秒的误差。如此高精度的星载铷钟中国研制不了，只能从国外进口。

但西方国家拒绝向中国出口达到这一精度的星载铷钟。在此情况下，留给中国北斗人的只有一条路——自主研制高精度星载铷钟。

其实，早在"北斗一号"工程启动之前，中国北斗人就开始布局星载铷钟研制，并写入国家"八五"计划，组建了两支攻关队伍开展星载铷钟基础研究，但研制进程一直很缓慢。

为尽快研制出中国自己的星载铷钟，杨长风立刻向北斗工程"两总"建议，并在"两总"领导下，组织国产星载铷钟技术攻坚克难。为发挥学科交叉优势，杨长风决心重组我国星载铷钟研制团队，组建了三支研制团队，形成稳固的"三足鼎立"态势，对星载铷钟这个卫星导航领域的技术制高点发起了坚定顽强的攻势。

铷钟是非常精密的产品，星载铷钟更是精品中的精品。作为星载设备，要求体积小之又小、性能精之又精、使用寿命长之又长，研制人员必须独具匠心、精雕细刻、反复验证，方能确保每台产品"健康无恙""寿比南山"。

北京无线电计量测试研究所星载铷钟技术负责人杨高工，就是一个善于发现问题、积小功成大功的铷钟人。杨高工生于山东，2007 年博士毕业后来到研究所工作，恰巧新一代星载铷钟项目启动，他一参加工作便成为铷钟人。他平时言语不多，但开口便是珠玑，深厚的专业理论底蕴让他有着十分敏锐的观察和判断能力。

频率数据曲线，在一般人眼里杂乱无章，毫无头绪，但在杨高工心目中就像自己孩子的脸庞那么可爱、亲切和熟悉。数据曲线的每一点细微变化都逃不过他的眼睛，杨高工透过它了解到"孩子"心里想什么，或是什么地方"不舒服"。

在一次测试过程中，整机频率出现细微变化，细微得完全可以忽略，但杨高工一眼就捕捉到了。通过进一步观察，又发现这种变化只在某个环境条件下出现。杨高工对各种参数逐一排查后，找到了变化原因。按常理，频率变化和诱因之间并没有必然联系。但杨高工坚信自己的直觉，通过多方排查和对产品进行开盖检查后，他最终确定并证实了自己的判断。

找到原因后，对症下药进行整改，问题迎刃而解。

对产品生产中出现的任何细微数据变化，哪怕是偶然发生的变化，杨高工都不放过。他常说："任何问题的出现都是有原因的，都要透彻分析，都要排除。只有把所有小问题修复了，才不会发生大问题。"

正是铷钟人这种每一个细节都追求完美的精神，确保了他们用不到一年的时间，便完成了星载铷钟的升级换代，确保关键技术指标提高了十倍以上，使国产高精度星载铷钟步入世界一流水平。

铷钟体积小、质量轻、可靠性高、频率稳定度好，是星载原子钟的主力军，应用最广泛。但它也有明显的弱点，就是无法彻底解决频率准确度和频率漂移问题。而氢钟精度超高，且稳定性好，漂移率也很小，能确保导航系统长达半年以上的自主导航能力，可以弥补铷钟的先天不足，但体积是铷钟的四倍，实现小型化，应用于航天领域，非常之难。

为进一步提高北斗导航、定位、测速和授时的准确性，降低其对地面的依赖，北京无线电计量测试研究所在开展星载铷钟攻关的同时，对星载氢钟展开攻关，拿下了氢钟小型化关键技术，将氢钟体积大幅缩小，达到星载标准。

在北斗卫星导航系统组网发射中，北京无线电计量测试研究所研制的星载氢钟已数次搭乘新一代北斗卫星升空，且在轨运行良好，标志着星载原子钟家族中又多了一个新宠儿，开辟了一个充满希望与光明的新方向。

2007年"北斗二号"首星发射，是事关中国卫星导航事业前途命运的关键一战。当卫星伴随火箭进入发射塔架，即将发射之际，卫星应答机突然出现了异常。这时，距离发射窗口只有72小时，而且发射场区不能对卫星应答机进行检测，必须去四川成都才能完成。

在这关键时刻，时任"北斗二号"副总设计师的杨长风，身先士卒，立即带着应答机昼夜兼程赶往成都，组织人员加班加点，在第一时间完成检测并排除故障，确保"北斗二号"首星按时发射并成功抢占频率。

北斗卫星导航系统，是组织千军万马、克服千难万险、吃尽千辛万苦、走进千家万户、造福千秋万代的航天工程。作为肩负着北斗事业继往开来重任的"北斗三号"总设计师，杨长风带领总师组，以开放的姿态、增量发展的理念，大力支持带有方向性、影响深远的技术创新，先后在北斗系统中增加了国际搜救、氢原子钟、全球短报文通信等新技术、新功能，使北斗系统整体性能大幅跃升，国际竞争力迅速增强。

杨长风还以前瞻性目光，带领总师组立足现实，面向未来，通过深入调研论证，提出了建设我国"未来时空走廊"的宏伟计划。北斗团队已开始着手实施体系论证，开展深空、水下、室内等领域导航定位授时关键技术及多项新技术在轨试验，获得了多项初步研究成果。北斗系统将成为导航、通信一体化的天基信息传输骨干网，实现无缝覆盖，用户使用更加安全、高效、便捷，服务维度更加多样、更加精准。中国北斗将成为世界卫星导航这片群星灿烂的星空里最亮的那颗星！

# 地上无路走天路

当初，中国向世界公布北斗卫星导航系统建设"三步走"战略后，就有一些外国友好人士为中国北斗担心："'北斗一号''北斗二号'仅覆盖中国国土和亚太地区，对于中国不是问题，可要建成覆盖全球的'北斗三号'，难度很大呀。"

外国友好人士担心的依据是卫星导航系统的地面基站建设和当时中国的国际影响力。因为作为全球卫星导航系统，不仅需要在太空布设数十颗卫星，同时要在地球上各个地区建设众多的地面站点。而凭当时中国的国际影响力，在地球上的绝大部分地区，中国无法布设地面站点。

事实上，北斗人早就意识到了这个"瓶颈"问题，而且提前布局解决这一问题。早在2006年，国家就把"北斗三号"全球系统建设项目，列入《国家中长期科学和技术发展规划纲要

主播：黎珉

微信扫码，
配套音频随身听

（2006—2020 年）》，并把解决全球系统地面站点布设难题作为重中之重，提前布局攻关。

中国人不仅有前瞻性目光，而且还有丰富的想象力。经过一番艰苦摸索，地上的路走不通，中国北斗人就借鉴国际先进经验尝试走"天路"：在星星之间、星地之间构建链路，织成一个"天罗地网"——星间链路！

那么，星间链路又是一条什么路呢？

文艺范儿这样说：信息天路串并联，从此天堑变通途。

严谨范儿这样说：星间链路是航天器与航天器、航天器与地面站之间具有数据传输和测距功能的无线链路。

星间链路，是中国特色的突破创新、北斗神技！

星间链路既是"北斗三号"全球导航系统建设的关键，也是世界卫星导航的重大创新举措，是太空通信的"世界第一网"，创新难度大、要求高。为确保建成这个"天罗地网"，跨过"北斗三号"全球系统建设中这道最大、最难的坎，北斗工程"两总"向全国开展项目招标。

经过一番竞争，中国空间技术研究院、高新科技研究院空间仪器工程团队等三家单位成功中标，成为星间链路主要研制单位。通过深入调研、反复论证，中国空间技术研究院提出了一种前瞻性强、实现难度较大的技术方案。与此同时，王教授、杨教授率领的空间仪器工程团队提出了一种技术相对成熟、保险系数较高的技术方案。

进入工程阶段后，北斗工程"两总"经过反复研究斟酌，基于当时的技术条件，也考虑到工程时间紧迫，决定采用高新科技研究院的技术方案。

其实，早在2008年，王教授、杨教授率领的空间仪器工程团队就成立了星间链路项目组，下定决心要啃下星间链路这块硬骨头。

"星间链路好比一块坚硬的石头，成功的美玉就在石头中心，只有把石头捏碎了，才能看到美玉。"动员会上，王教授真的从兜里摸出一块石头，咚的一声放在面前的桌子上，"现在这块石头就摆在我们面前，我们有两种选择：要么不去碰它，要么用手把它捏碎。如果大家不愿碰它，现在还来得及。"

大家说："为国家大工程做贡献的机会多难得啊，怎么能放弃呢？"

王教授一把抓住桌上的石头说："既然要把它捏在手心里，那我们就捏牢它，我们宁可把手腕捏裂，也要把它捏碎。"

就这样，他们带着"宁可腕裂，力求石碎"的决胜信念、决绝勇气和决然毅力，对星间链路发起了猛烈攻势！

此后两年时间里，项目负责人杨教授带领大家死死捏住星间链路这块石头不放，捏得虎口开裂流血，捏得双手皮开肉绽，但他们越捏越紧，硬是把它捏开了一条缝——提出了全球领先、测量与通信兼容的星间链路方案，并经过多轮竞争性评选，终于从众多竞标团队中脱颖而出，成为三家星间链路承研单位之一，获得卫星导航重大专项支持。

　　杨教授带领项目组攻克星间链路系列核心技术，实现了有关技术性能的一系列跨越：主要技术指标提升了十到三十倍；测距精度相当于能看到2000千米外的一根头发丝；温度控制性能比原计划提高一倍！

# 追梦人的家与国

星间链路这颗"顽石"，空间仪器工程团队"捏"得多么艰难，从青年博士郭熙业攻关经历中便可见一斑。

郭熙业生性喜欢挑战难题，在硕士和博士研究生学习期间，就作为技术负责人参与多个重大工程项目攻关，博士学位论文还填补了我国海洋科学技术领域重大空白。他感觉搞科研就像登山，每完成一项研究，就像双脚踏上了最高峰，面对清新的轻风、臣服的众山、连绵的美景，那个爽劲，仿佛身上每一个细胞都在舞蹈。

2011年春末的一天，郭熙业刚参加完博士毕业典礼，领导就把他叫去办公室，笑眯眯地看着他问："北斗系统星间链路技术，你的师兄们已经在方案设计论证上取得创新性突破，往后的战斗，你想不想参加？"郭熙业一听，身上的血液一下子沸腾起来。他明白，这不但是一个自己

主播：岳毅

微信扫码，
配套音频随身听

非常感兴趣的"战场"，更是自己报效国家的好机会。他连忙说："想啊，我做梦都想！"郭熙业兴高采烈地把这一消息告诉未婚妻杨纪华。杨纪华瞪着一双杏眼说："这么快又交上'新恋人'了？"在她眼里，那一个个科研项目，就像他的一个个恋人，与她争感情、抢时间，弄得她和他恋爱三四年，平时难得见一面，甚至连结婚的时间都没有。

郭熙业说："我明天就去成都。"杨纪华说："不是说好等你博士毕业我们就领证结婚吗？能不能把婚事办了再走？"郭熙业说："我必须马上过去。婚事咱们抽时间再办。"杨纪华知道，那边有他着急会面的"新恋人"，虽说有些不开心，但还是表示理解和支持。

郭熙业的这个"新恋人"，是个不折不扣的"高大上"。它既是北斗系统工程建设的"独木桥"，也是全面超越 GPS、领航世界导航定位技术的突破口，更是一块难啃的"硬骨头"，其技术体制，在世界航天领域，别人没碰过、也不敢碰。上级有关部门为确保稳妥可靠、万无一失地攻克这一关键技术，安排了数家科研机构同时攻关。

对于这个充满挑战、俯瞰全球导航定位技术领域的科学高峰，郭熙业早已心驰神往。他一赶到成都的研究所，便弯下腰身，埋头研究。他给自己定下一个雷打不动的工作制：每周工作 7 天，每天 16 个小时；攻关遇到问题，不解决不下班；工作时间手机关机。而实际执行情况是，几乎每天都会遇到难题，平均每个月要熬 10 个通宵。

苦战 5 个月，攻关告一段落，郭熙业准备休整几天。这时，未婚妻杨纪华来电话了："咱们从你读博时开始恋爱，都快 4 年了，再不结婚，咱们都成'剩女剩男'了。"

郭熙业放下电话，就赶到机场飞回长沙，与她手挽手走进婚姻登记处，领了红彤彤的结婚证，并商定这个国庆节回东北老家举办婚礼。婚礼是双方父母操办的。他这个新郎一直忙到婚礼前一天，才飞到长沙接上新娘，10 月 1 日清早赶回老家，在美发店稍加修饰，便直接踏上了红地毯。按规矩，办完婚礼后，新郎要陪新娘回娘家办回门宴。但婚后第二天，他就对她说："成都那边明天有项工作必须完成，我得……"

杨纪华没问什么事，只是微笑着向他点了点头。她理解自己的丈夫，知道北斗系统工程建设就像一列高速运行的列车，每一个站点，都有严格的时间节点，车上哪个系统、哪个环节出了问题，都会导致列车行驶受阻，影响工程建设大局。

郭熙业是赶回来迎接北斗系统工程总师组组织的联合检查的。他一下飞机，便立刻带领大家投入紧张的迎检准备。次日，联合检查组看了他们的系统演示后，"总总师"轻轻点了点头说："你们继续加强攻关，把一个个未知难题搞清楚，并进行充分验证，确保在工程建设中好用、管用。"

"总总师"的嘱托，意味着他们已跻身星间链路攻坚战三家种子团队行列。郭熙业为此激动不已，信心爆棚的同时，暗暗提醒自己：以后的攀登之路将更加艰难，竞争更为激烈。

　　果然，在接下来的有关部门组织的星间链路设备对抗性演示的首场PK中，他们就败走麦城了，不仅垫了底，而且性能差距相当大。怎么会这样？郭熙业连续一周失眠了，大脑高速运转，从系统设计方案，到每个设备的技术状态，仔细梳理，查找失败原因，终于找到问题的症结所在。如何解决呢？他面临两种选择：一是在原方案上打补丁，堵住漏洞，提升设备性能；二是推翻原有方案，另起炉灶，设计新的算法。前者，实现容易，但性能提升空间有限；后者前景广阔，但耗时长，当初建立原有方案就耗时半年，而距离下一场PK只有一个月时间！郭熙业毫不犹豫地选择了后者，用一个月干完原来加班加点半年才能完成的任务。

　　第二场PK，郭熙业团队的设备反败为胜，而且性能指标大幅跃升，把其他两家单位惊出一身冷汗。郭熙业不懈怠、不骄躁，继续带领团队加班加点深入挖潜，提升设备性能，在第三场PK中，以绝对优势稳占鳌头。

　　郭熙业脸上露出了成功的微笑。可他走到镜子前一看，却被自己吓了一跳：头发又乱又长，脸庞又黑又瘦，眼窝深陷，他都几乎认不出自己了。这一个月，他整整瘦了10斤！

　　"衣带渐宽终不悔，为伊消得人憔悴。"郭熙业朝镜子里的自己挥了挥手，掏出手机向妻子报喜。这时他才得知，妻子已经怀上了他们的小宝宝，但怀孕不久便出现流产征兆，医生嘱咐"必须卧床休息保胎"，她天天躺着不能动弹，吃喝拉撒全仰仗同宿舍的工友照料。

郭熙业在第一时间赶回长沙，当他轻轻推开妻子房门时，只见仰躺在一张小单人床上的妻子，披头散发，面容憔悴，眼睛静静地闭着，像是睡着了，又仿佛不想看到他……他突然失去了靠近她的勇气，木头人一般愣在门口，很久很久才壮起胆子走到她床边，轻轻地对她说："纪华，我给你洗个头吧。"他提起开水瓶，上锅炉房打来热水倒进盆里，轻轻托起妻子的头，浇上温水，擦上洗发液，慢慢地搓洗，轻轻地梳理……

两行热泪，从她的眼角"唰"地冲了出来……两汪泪花，在他的眼眶里不住地滚动、闪烁……从她发丝上流下的水珠，不停地滴落在盆里，叮咚、叮咚……他俩的泪水，也不住地滴落下来，滴答、滴答……

洗头用了两大瓶热水，将近一个小时。然后，他又不知所措地站在旁边。她慢慢睁开眼睛，擦了擦眼角的泪痕说："熙业，你回去吧，我知道那边离不开你。"他满怀歉意地轻抚妻子的脸颊说："纪华，这些日子难为你了。"她握住他的手甜蜜地说："熙业，你能赶回来给我洗个头，我就觉得很幸福了。"半年后，他们的女儿诞生了，圆圆的脸蛋、黑黑的头发、乌溜溜的眼睛，是个天使般美丽的女孩。

2016年2月，郭熙业与星间链路的"苦恋"也有了幸福的"结晶"：他们团队研制的体制方案及设备，成为唯一被正式采纳的"北斗三号"星间链路系统技术方案和设备，而且具有高速通信、精密测量、强抗干扰的优越性能，实现了全面超越 GPS 的目标。中国的星间链路系统，7 万千米测距精度达到厘米级，测量精度高于 GPS；中国的星间链路系统，就像"手机通话"系统，一个房子里几个人用，互不干扰，而 GPS 的星间链路，却是"大众广播"，相互干扰，一条线路工作，别的线路必须静默；中国的星间链路系统，已经进入"智能手机"时代，代表着下一代卫星导航系统技术趋势……

欧洲卫星导航领域知名专家海因教授，在预测未来卫星导航星间链路技术时，曾列出了一系列应具备的技术特征，而这些特征已经在中国北斗系统星间链路上全部实现了。

# 支起竞争的杠杆

"北斗三号"将覆盖区域由亚太拓展到全球，并不是简单的空间延伸，而是一次质的飞跃、一次全面的跨越。系统建设中，各种矛盾更加突出，工程管理更加复杂，技术创新难度更大，系统质量要求更高，自主可控更加紧迫，建设速度更难保证，工程风险更难控制……

在此情况下，继续运用传统的"单打独斗"管理办法，显然已很难适应"北斗三号"的新任务、新情况、新特点。

采用什么样的管理模式，才能激活"北斗三号"建设这盘"大棋"呢？中国卫星导航系统管理办公室主任、"北斗三号"全球卫星导航系统副总设计师冉承其，早在"北斗二号"区域系统建设初期，就开始思考这个问题。他上班时思考，上下班的路上思考，晚上站在阳台上仰望着满天的星斗还在思考，甚至做梦还在围着它打转

主播：赖姣虹

微信扫码，
配套音频随身听

转……

冉承其，1968年5月出生于湖南省常德市石门县，本科和博士均毕业于国防科技大学，长期从事航天系统总体设计、航天工程和北斗重大专项管理工作，全程参加了北斗卫星导航系统顶层设计、工程建设及组织管理工作。

有着丰富的重大航天工程管理经验的冉承其，将思考的目光投向世界。他敏锐地发现，竞争机制、竞争管理，早已成为当今世界大科学、大工程管理的趋势，就连航天工程这样的以"单打独斗"为特色和传统的国家工程，也开始引入竞争机制、培植竞争土壤、建立竞争体系。

竞争，是凝聚力量的黏合剂，是创新潜力的挖掘机，是工程提速的助推器、工程质量的凝固剂、工程价格的活杠杆……

建立"北斗三号"全球系统建设竞争机制迫在眉睫！

冉承其向北斗工程"两总"汇报了自己的想法，没想到这竟与"两总"领导们的思考不谋而合。大家一致认为，北斗导航系统尤其是卫星系统实行竞争管理，用竞争机制促进工程创新、推进工程速度、保证工程质量，刻不容缓！

在北斗工程"两总"的领导、支持下，冉承其率领北斗办通过广泛调研、深入研究、反复论证、精心布局，建立并完善了北斗项目招投标制度，每一个产品、每一项技术都面向全国招标，而且研制生产单位达到三家以上，实行公开竞争、择优使用、滚动发展，以确保北斗工程进度按节点推进、关键核心技术不断突破、系统整体性能稳步提升。

卫星系统，号称航天工程"第一系统""核心系统"，左右着整个工程质量、水平，甚至直接关系到成功与失败。但数十年来，我国只有一家研究院承担重大航天工程卫星研制任务，基本不存在竞争关系，与"北斗三号"全球系统建设"快速组网""一箭双星发射""上面级⑪发射""卫星小型化""低成本高效益"等新特点、新要求很不适应。尽快在卫星系统建立竞争格局，是北斗工程竞争机制建设的当务之急，而首要任务就是发现和扶植新的卫星研制团队。

中国科学院上海微小卫星工程中心，出现在冉承其的视线里。这是我国第一家在世界航天科技新趋势引领下，以创新驱动发展的小卫星研制团队。

自20世纪人类开创航天伟业以来，人造地球卫星都是数以吨计的庞然大物，最小的也有一吨左右。可是中国科学院副院长兼技术物理研究所所长严义埙，2000年在欧洲考察时却发现英国已开始研制100千克以下的微小卫星。他意识到这是人类航天器研制的新趋势，回国后立刻让技术物理研究所副所长沈学民组建微小卫星研制队伍，积极开展基础研究。中科院上海分院领导非常支持这一新生事物，在原有的中科院小卫星工程部基础上，将沈学民及其带领的微小卫星团队全部调到中科院上海分院组建了上海微小卫星工程中心，沈学民担任首任中心主任。

上海微小卫星工程中心一经成立，便很快接到我国第一颗仅有

88千克重的微小卫星"创新一号"通信卫星研制任务，不久又研制完成我国第一颗仅有40千克重的"神舟七号"飞船的伴星⑫，呈现强劲的创新势头。

2006年底，冉承其指示北斗总体部副研究员、专项报告主要起草人之一杨强文，找到上海微小卫星工程中心主任沈学民，向他们发出了参与北斗导航卫星研制的邀请。

沈学民立刻意识到，这是上海微小卫星工程中心融入主流、推动单位跨越式发展的难得机遇，果断接受了北斗工程管理部门的邀约。他们虽然没有研制导航卫星的经验，但他们有进取的愿望与勇气。他带领团队经过艰苦摸索、反复论证、精确计算，提出了新技术含量大幅提升、卫星体量大幅削减、研制价格大幅下降的北斗卫星研制方案。

2007年，北斗工程"两总"决定加快建立卫星系统竞争机制。这年5月，冉承其风尘仆仆地来到上海微小卫星工程中心，与中心主任沈学民进行了一次推心置腹的谈话。

冉承其说："今天我要掏心窝子问您一个问题。"

沈学民说："那我也一定掏心窝子回答您。"

冉承其说："那您今天给我一句话：您干北斗，是准备湿鞋，还是准备湿身？"

沈学民说："好，我给您说说掏心窝子的话。请放心，我绝不会只在北斗工程这片大海边漫步一圈，湿湿鞋就溜。要么不干，要干就纵身大海，潜到海底，让自己全身湿透！"

冉承其说："有您这话，我们北斗办就敢大胆把任务交给你们，而且一定尽最大努力支持你们。"

2009 年，北斗办正式与上海微小卫星工程中心签订项目合作意向。2011 年，北斗办对上海微小卫星工程中心承担的两颗北斗三号 MEO 试验卫星正式予以立项，标志着北斗导航卫星系统竞争机制完全确立。

# 去开创北斗时代

上海微小卫星工程中心肩负北斗导航卫星研制任务，中国科学院对此高度重视、大力支持。为了加强上海微小卫星工程中心科研力量，中国科学院把林宝军带领的光电研究院卫星技术团队加入上海微小卫星工程中心，同时任命林宝军为卫星项目总设计师。

战场上的轻骑兵，队伍精干，战术灵活，从不循规蹈矩，甚至反其道而行之，常有意想不到的战果。林宝军就是这样一名"轻骑战将"。

林宝军虽是"60后"，却是一名航天老将，不仅大学毕业就开始干航天，还曾担任载人航天工程应用系统副总设计师，参与了从"神舟一号"到"神舟十三号"的全部论证工作，航天学科底蕴非常深厚，航天实践经验非常丰富。但他并没有为已有的知识经验所囿，而是随着事物的变化不断求新：认识事物另辟蹊径，科技创新别具一格，为人处事独树一帜……无论做什么，他都力求避免"按常规出牌"，喜欢特立独行，追求"和别人有些不一样"。为此，他的团队成员给他取了一个褒义满满的雅号——"另类总师"。

2017年5月，林宝军荣获首届全国"创新争先奖"。媒体记者得知消息，前来采访林宝军，让他谈谈自己的创新经历、创新成果以及获奖体会。林宝军却与记者谈起了哲学与艺术："哲学作为对世界万事万物的高度概括与总结，以及对其发展变化的规律性认识，是我们了解世界、打开世界奥秘之门的金钥匙，也是我们所从事的科研创新的方法论。""人是有灵魂的，人有了灵魂，人才有思想；世间万事万物也有灵魂，有了灵魂，它们才与众不同、脱颖而出，比如艺术品，只有赋予其灵魂，才有灵性，才是真正上档次的艺术品。同样，卫星也应该有灵魂，有灵魂的卫星，才能称得上是精品卫星。因此，要像创作艺术品那样去做卫星，用饱满的创新激情赋予卫星灵魂，让北斗成为一件艺术作品。"

林宝军的这些观点在媒体上发表后，团队成员又送给他另一个褒义满满的雅号——"灵魂总师"。

为让新一代北斗卫星"有灵魂""会思考"，林宝军在国内第一次给卫星设计了一项"看家本领"——在轨赋能——让天上的卫星"有错能改""有病自治""刷新功能"。哪知经历了一番番艰辛、一次次付出，完成卫星在轨赋能验证试验后，联系卫星载荷生产单位进行生产时，他却遇到了强大阻力。人家说他的在轨赋能太有想象力了，简直是"异想天开"，根本不可能实现，说什么也不愿跟他一块儿"瞎折腾"。没办法，林宝军只有坚持不懈地给大家"洗脑"，连着几天从早上9点一直"洗"到晚上12点，整整"洗"了三天，"洗"得口干舌燥、嗓子眼冒烟，才说服大家同意与他一道完成这次航天"首创"。

卫星研制，是"高、精、新"的技术活，不仅需要创新技术，也需要工艺积累、个人经验。因此，那些参加工作多年、有着丰富经验，用起来"顺手"、干起来"对口"的"老卫星"，便成了"抢手货"。但林宝军偏爱年轻人，用他的话说："年轻人，经验少甚至没经验，给人印象是，这不会做那也做不好，但他们观念新、脑子活、张力大、可塑性强、接受新生事物快，正好契合了新北斗的'新'要求。经验可以通过学习和积累来弥补，但观念和思维方式一旦固化，就一时半会儿改不了了。"

林宝军不仅喜欢年轻人，而且喜欢给年轻人压担子。当年，他担任"神舟"系列飞船副总设计师时，设计团队里的主任设计师多是一些所长、主任，甚至还有院士。但在新一代北斗导航卫星团队里，主任设计师、主管设计师基本上是"80后"，而且绝大多数没担任过行政职务。

2011年11月，新一代北斗导航卫星研制任务得到批准，正式启动实施。这时，按照北斗导航工程建设时间节点，他们既要突破多个关键技术攻关难题，还要按流程走完研制方案、初样、正样三个阶段，但时限不到四年。产品研制的周期要求，只相当于国际同类卫星研制周期的一半。

时间如此紧迫，他们需要全程"百米冲刺"，而冲到最前面的就是林宝军。

从到中心报到的第一天起，林宝军的家乡北京就成了"异乡"，而异乡上海成了他的"家乡"，若非工作原因，他基本不回北京，经常两三个月也难得回家一次。曾有记者问他："你想家里的亲人吗？"他说："想，很想，过节时更想。"记者说："那你就经常回去看看他们呀。"他说："上海这边事情多，没做完做好，回去也待不安。"记者说："那一个人在上海孤单吗？"他说："不孤单。中心也是我的家，北斗导航卫星是我的孩子，所有团队成员都是我的家人。"

为了尽快确定导航卫星有效载荷状态，林宝军带着结构设计师、热控设计师等十余人赶到位于成都的合作单位——中国电子科技集团公司第二十九研究所，连续熬了三个通宵，向大家实地分析讲解，解决关键技术。三天三夜里，为给自己醒脑提神，他几乎喝光了一箱红牛。因为过度劳累，身体透支太多，问题解决后，他整整一周都说不出话来。

总设计师奋不顾身，其他人跟着向前扑。整个团队齐心协力，硬是在三年三个月里，拿下中国首颗新一代北斗导航卫星，创造了卫星研制速度的"中国之最"，甚至是"世界之最"。

在林宝军身上，不仅有航天人的坚忍毅力、求实品格，更有航天人的无所畏惧、冲天豪气。

2015 年新一代北斗导航卫星发射成功后，记者让他谈谈北斗

的未来，他满脸笑容地说："未来，我对北斗卫星有三个期待。第一就是皮实、好用，不断改善用户体验，也许不远的将来，我们可以直接向卫星提要求，需要什么数据直接向卫星要；第二是不断改善卫星自主管理和在轨赋能能力，尽量简化地面管理；第三，各项指标要全面提升，真正服务于民生，甚至能产生改变世界的力量！"

听到这里，记者脸上不禁闪过一丝惊讶："产生改变世界的力量？"

"是的。"林宝军自信地点点头，"总会有一天，人们像现在把苹果手机换成华为手机一样，喜欢北斗胜过 GPS。到那时，北斗将会像网络技术迎来网络时代一样，开创一个北斗时代！"

# 拿起创新的锐器

上海微小卫星工程中心北斗团队，平时谈话中出现频率最高的两个词是："艺术""灵魂"。大家说得最多的两句话是："要让卫星艺术化。""要赋予卫星灵魂。"如何让卫星艺术化，又如何赋予卫星灵魂？

他们追求的目标是，在研制卫星时像艺术家创作艺术品那样，要有创意、有思想、有个性，并通过精雕细刻，把自己的创意、思想和个性完美地融入卫星。

他们的这一卫星设计理念，在新一代北斗导航卫星研制中得到了充分运用和完美体现。

新一代北斗导航卫星，要求质量大幅减少，达到一吨以下小卫星标准，但性能不仅不能减，还要大幅提高：导航定位精度更精准、工作寿命更长、可靠性更高，还要完全自主可控。这相当于房子越建越小，但房子要越来越牢固，容纳的

主播：乔翠玲

微信扫码，
配套音频随身听

人要越来越多。

研制难度这么大、任务要求这么高、研制进度如此紧张的研制任务，他们还是头一遭遇到，在小卫星研制史上也前所未有。

过去研制航天器，大到太空舱、载人飞船，小到微小卫星、纳星⑬，一般都是首先把国外的数据找来，反反复复分析研究，如果别的航天强国都没有做过的，一般就不碰。但该团队成员清醒地意识到，如果按这个思路，照"猫"画"虎"，很难画出"虎"，即便勉强画出来，也绝对不是"真虎"，顶多是只"猫"，还有可能是"病猫"。要想画出属于自己的"真虎"，就必须改变观念，打破框框，闯别人不敢闯的"禁区"，上别人没有上的新技术，用别人尚未用过的器部件。

以往国内做卫星，都是走先分系统、再组合的研制模式，即把卫星分为结构分系统、热控分系统、姿控分系统、星务分系统、测控分系统和能源分系统等十来个分系统，每个分系统由一个任务组来主持，从设计、制造到卫星上天，一路负责到底，最后再拼装成整星。这种"拼图"式组合，同一学科功能在分系统中重复出现，每个系统需要两到三台计算机，整颗星计算机多达二十几台，带来了星载大、故障多、能耗高等一系列弊端。

能不能打破传统的分系统模式，走"功能链"设计，合并各分系统中的学科功能"同类项"？

顺着这一崭新的思路，他们大胆地将整星研制分为有效载荷、结构热、电子学和姿轨控⑭等四条功能链，砍掉了六个分系统，把过去的二十四台计算机，变魔术般浓缩为一台，星载计算机的质量、故障率、能耗等大幅下降。

按研制卫星的惯例，卫星外形都选用正方体，飞行姿态采用"竖着飞"。如果照这个老思路设计新一代北斗导航卫星，散热就成了一个非常棘手的难题，因为新一代北斗卫星是一吨以下的小卫星，而功能要求非常高，功率也水涨船高，达两千多瓦，采用面面相同的正方体外形，根本无法解决散热问题。

难道"正方体外形""竖着飞"方案就是最优的吗？能不能另辟蹊径，找到更富有创意的设计方案？

该团队经过几番"头脑风暴"，决定将正方体外形改为长方体设计，把"竖着飞"变成"横着飞"。这样一来，卫星几个面表面积有所不同，让较小的面对着太阳，较大的面作为散热面，有效减少热辐射并提高散热速度；"横着飞"则把表面积最大的面作为对地面，使卫星可以装载更多导航天线，以提高卫星信号发送、接收效率。

这可不是一般的创新，简直是 100% 的颠覆，难免引来不少质疑。

"这种卫星造型，几代航天科学家都没碰过，虽然勇气可嘉，但是不是也轻率了一些？"

"这种形状的卫星，最不稳定了，如何保证卫星的刚度[15]？"

…………

对这些疑问，他们心里早有了答案。当他们把一系列验证、仿真数据送到专家们手中时，质疑之声很快消失了。

新一代北斗导航卫星，终于以崭新的形象出现在大家面前。见过它的人，无一不被它的"美丽"所吸引："卫星居然还能做得这么漂亮啊，简直就是一位身段苗条的飞天仙子！"

航天事业投资大、风险高，为确保卫星上天后安全无虞，在进行方案讨论时，通常与会专家心里都有一个尺度，那就是卫星上的设备、器件、技术要有70%是上天验证过的。这样一来，卫星安全便有了保障，但也给技术创新套上了一个"紧箍咒"，甚至陷入"死循环"：越是创新越难以上天。尤其像新一代北斗导航卫星这种采用"颠覆式"创新技术的卫星，是难以领到"通行证"的。

他们决定打破这个"紧箍咒"，突破这个"死循环"！创新技术来不及上天验证，就把地面验证做实、做够。为此，导航总体主任设计师蒋桂忠带领研发团队创造性地提出了更为严苛的要求：所有上星的卫星技术，必须在地面反复验证、反复做仿真试验，保证万无一失。

2012年上半年，蒋桂忠和他的同事们一直守在真空环境试验室，他们整整半年都过着没日没夜的生活，试验结果出来了，卫星良好的热控设计可以保证星载原子钟时刻处在一个舒适的环境——每24小时温度变化都不超过1摄氏度，为卫星频率基准保持在更精准的水平提供了技术基础。

讨论方案时，虽然有不少专家质疑："没有上星走一遭，怎么证明它没有问题？"可当他们拿出充分验证的仿真数据，耐心地摆事实、讲道理后，面对海量计算结果，老专家们心悦诚服、频频点头，一致同意给新一代北斗导航卫星发放"通行证"。

上海微小卫星工程中心北斗团队完成的创新之举还有很多：诸如原子钟无缝切换技术的应用，实现了北斗系统工作非计划中断零纪录；高效固放技术，使北斗导航卫星信号质量发生了质的飞跃；氢原子钟的应用，开创了卫星导航原子钟技术新纪元；直发转发信号体制，把卫星信号由固定不变转变为根据设计随意改变；单独星敏感器定姿技术，使定姿控制精度提升了 20 倍……他们在只有通常卫星研发周期一半的时间里，实现了 165 项技术创新或应用。

这一系列"颠覆性"创新，使北斗导航卫星的新技术含量从 30% 跃升为 70%！

这一系列"颠覆性"创新，使导航卫星"平均体重"从两三吨一下子"瘦身"到 800 多千克，技术性能有增无减，并实现核心器部件全部国产化、全部自主可控！

新一代北斗导航卫星一问世，便跻身世界一流。

# 在竞争中跨越

为应对挑战，抓住机遇，推动北斗导航卫星技术跨越性发展，中国空间技术研究院对"北斗三号"导航卫星研制提前布局，于 2009 年组建了以迟军为型号总指挥，陈忠贵、王平为型号总设计师的"北斗三号"导航卫星研制团队。

由于种种原因，我国航天器部件水平长期低于西方国家。长此以往，国内卫星研制形成了"用进口器部件保险"的观念，能进口尽量进口，尤其是关键器部件，非进口不可。用进口器部件做出的中国卫星，就像一只被别人牵住套绳的"老虎"，别人不高兴了，把套绳一勒，"老虎"就得听别人摆布了。这样的被动局面，再也不能继续下去了。

与此同时，迟军、陈忠贵、王平带领的新一代导航卫星研制团队，还要面对"北斗三号"全球系统建设"快速组网""一箭双星发射""上面级发射""卫星小型化""低成本高效益"等一系列新特点、新要求、新难题,而其中的"卫星小型化",既是核心,也是关键。

针对上述情况,迟军、陈忠贵、王平带领团队通过深入调研、反复论证,提出了"着重'关键器部件研制''核心关键技术创新'两大突破口,实现'卫星小型化''核心技术可控'两大目标,打造具有完全自主知识产权的中国导航卫星"的奋斗目标。

他们仔细梳理从国外进口的器部件,对那些核心关键器部件,提前布局有关单位自主研制,扶持厂家自主生产,并严格把控新产品质量,彻底扭转了导航卫星核心器部件"受制于人"的被动局面,把北斗卫星"生命线"牢牢拽在了自己手里。

星载行波管是"北斗三号"导航工程的关键核心器件,过去一直依赖进口。起初,外国厂家答应得很痛快,双方顺利地签订了购货合同,虽然对方供货有时不太及时,但还一直履行合同。可到了2012年,对方发现这些行波管用于导航卫星时,立刻通知我方说:"行波管我们不卖了!"

型号"两总"感到很突然:"这是为什么?"

对方公司代表摊摊双手,歪歪脑袋,做无奈状:"你们去问输出管理规定吧。"

但对方没想到,我方代表竟是一副无所谓的样子:"你们不卖就不卖呗。"

他们怎么会知道,早在2009年,型号"两总"就意识到对方可能会有此变化，从那时起就把行波管作为重点项目，开始布局国产化攻关。到了 2012 年，国产行波管的性能、质量已经与进口产品的相当。

对方公司总裁得知这一情况后，急忙飞到中国，请求中方继续购买他们的产品。我方考虑到既然双方签订了合同，同意继续履行合同，把对方厂家已经生产的行波管全部买下。

大功率、全调节母线电源控制器的进口，也同样经历了从"别人不愿卖"到"别人求着买"的戏剧性逆转。起初，外国厂家以"产量有限"为由，一年只同意向中国出口六台，分配到北斗导航的份额每年顶多一台，有时一台也没有。这对于北斗导航卫星研制来说，连塞牙缝都不够。

基于上述情况，"北斗三号"卫星系统"两总"及早部署技术攻关，通过数年奋斗，终于研制出自己的大功率、全调节母线电源控制器，并且装备了数十颗卫星，上天后的性能表现都很好。

外国厂家得知这一情况，也多次派人来到中国，希望双方可以继续进行产品贸易。

打造自主可控、世界一流的卫星导航系统，既需要器部件国产化，更需要设备技术现代化、特色化。

"北斗三号"高密度组网发射特点，需要"远征"上面级、一箭双星发射模式支撑，导航卫星小型化迫在眉睫。

卫星平台是卫星构成的主要部件，也是实现小型化的关键部件。从"北斗一号"到"北斗二号"，北斗卫星均采用"东方红三号"平台。在"北斗三号"工程启动之初，工程"两总"领导把北斗卫星专用平台列为工程建设关键核心技术。迟军、陈忠贵、王平带领团队通过一番艰辛探索，成功突破桁架式结构技术，研制完成"马驹"体量、"大象"驮量的北斗卫星专用平台，变魔术般把过去庞大的卫星平台缩小到质量只有100千克，而承载量却达到1000千克以上，完全适应上面级、一箭双星发射模式！

高集成度是卫星研制的关键指标、造星人不断追求的目标，也是给卫星"减肥"的重要途径。迟军、陈忠贵、王平带领团队，绞尽脑汁、千方百计刷新星载设备集成度，将过去分管控制、星务、管理、热控等众多系统的三十多台单机，奇迹般地合为五台，创造了北斗建设史上卫星载荷集成度的新纪录；他们大胆采用高效集中管理电源、锂离子电池、高效太阳能电池等一系列新兴元器件，实现了载荷大幅降低、功率大幅跃升的研制目标……星载设备的大幅瘦身，为增强搜救功能、短报文等系统腾出了足够的空间。

卫星轨道精度和卫星时间精度是决定卫星导航精度的两个关键要素。由于"北斗三号"全球系统不能在国外建站，所有地面站点均在国内，MEO 导航卫星大部分时间在地面站点"视线"之外运行，不能通过地面测控定轨，给卫星轨道精度带来极大影响。迟军、陈忠贵、王平带领团队艰苦探索，创造性地研制出基于星间链路的星地联合精密定轨和时间同步系统，实现了卫星自我测距、自我定轨，北斗导航卫星轨道精度达到了世界一流水平。

MEO 导航卫星在境外运行，还大大增加了卫星管理难度，卫星一旦出现故障，地面站点鞭长莫及。针对这一情况，北斗人巧妙地给"北斗三号"导航卫星设计了自主管理系统。通过该系统，导航卫星不仅能进行日常自主管理，而且卫星一旦出现故障，还能自主诊断、自主修复，确保卫星在离开地面控制60天内，能自主管控，实现稳定可靠运行。

…………

"北斗三号"卫星系统"两总"带领大伙儿完成了百余项关键技术创新，不仅使新一代导航卫星功能更强大，知识产权完全实现自主可控，而且质量从过去的2000多千克锐减到1000千克左右，功率却增加了三分之一，服务能力大幅提升！

中国空间技术研究院北斗导航卫星团队，在竞争中实现了历史性、跨越式发展！

# 「北斗芯」不再痛

21世纪20年代以来，"芯片禁售"成为国际社会的热词。国内许多依赖进口芯片的科技公司，几乎都被西方国家列入了"芯片禁售"清单。

但奇怪的是，西方国家这份清单里却没有北斗卫星导航项目。

是他们不想吗？否！早在"北斗二号"建设时期，西方国家就开始对中国北斗实行芯片禁售，使北斗成为中国第一个被禁售的对象。

那现在，国外为什么不对北斗卫星导航系统实行"芯片禁售"呢？

首先，他们对中国北斗禁售芯片，最终伤害的是自己。如今北斗卫星导航系统，已与世界其他三大全球卫星导航系统尤其是GPS深度融合、互惠互利，共同造福世界人民，若制裁中国北斗，不仅世界人民不乐意，他们自己也会"损人一千、自损一千"。

其次，他们对中国北斗禁售芯片毫无意义。到了"北斗三号"全球系统建设时期，中国无论是星载芯片，还是地面系统、用户端芯片，已逐渐实现国产化，而且价格快速下降，现在每块北斗芯片的价格还不到 6 元人民币，而当年进口芯片价格是每块 1000 元人民币！

每块芯片从 1000 元到不到 6 元，在这有着天壤之别的两个数字之间，是中国北斗人前瞻性的目光、敏锐的洞察力和精心的布局。

北斗星载芯片，是北斗导航卫星关键核心元器件。但直到"北斗二号"建设时期，我国由于各种原因，依然没有星载芯片生产能力，完全依赖进口，而且价格惊人，每块高达 1000 元人民币！

中国农民种出 10 担谷子，才能换回一块指甲盖大小的芯片！

天价芯片，不仅让中国北斗人感到了切肤之痛，更让中国北斗人感到了深深的危机：要是别人哪天连二流产品都不卖给我们了，中国北斗怎么办？

中国北斗人丢掉"造不如租、租不如买"的幻想，开始迈开自主创新的步子，与北京微电子技术研究所、上海复旦微电子集团等单位联手合作，成功研制出宇航级芯片。这些国产星载芯片与国外芯片性能不相上下，不用筛选，直接上星，性能非常稳定，而且随着量产规模不断扩大，售价快速下降，从每块 1000 元逐步下降为500 元、100 元、50 元、20 元……现在国产星载芯片每块不到 6 元！不仅满足了国家航天需求，而且以价廉物美的优势，开始进军国外芯片市场。

在"北斗芯"从进口到国产、从每块 1000 元到每块不到 6 元的改变中，也有中国企业家们的杰出贡献。深圳华大北斗科技有限公司总经理孙中亮，就是其中的优秀代表。

对于当初的"北斗芯"之痛，原华大电子有限公司导航事业部总经理、现深圳华大北斗科技有限公司总经理孙中亮的感受比谁都要直接，都要真切。他 1962 年出生于航天之家，父亲既是"老航天"，也是"老北斗"。在一次与父亲的交谈中，父亲有些担忧地说："北斗芯片，有可能成为北斗工程建设的下一个'肠梗阻'。"

从父亲的一声轻叹中，孙中亮意识到了中国北斗的隐忧，也看到了一次难得的机遇。

当时他所在的华大电子，作为中国集成电路设计企业，在身份证、社保卡、国家电网 IC 卡芯片等领域做得风生水起，有着较高的市场占有率和雄厚的科技攻关实力。孙中亮果断决定在华大电子成立北斗芯片研发团队，运用公司雄厚的经济基础、技术力量，为北斗工程排忧解难、助力前行，创造了"三年登上三台阶"的佳绩。

2015 年，他们用不到一年的时间，推出了我国第一款实现量产、拥有完全自主知识产权的导航芯片。这种芯片，实现了"与国际主流芯片同质、与单模 GPS 芯片同价"的研发目标，并成功地打开了市场。

2016 年，孙中亮决定收拢战线，集中精力专攻北斗导航业务，将自己麾下的导航事业部从华大电子有限公司剥离出来，成立了深圳华大北斗科技有限公司（简称"华大北斗"），独立运作北斗导航芯片研发，业务涵盖芯片、算法、模组和终端产品的设计、集成、生产、测试、销售。他瞄准广东地区的北斗产业特点，带领华大北斗积极探索适合芯片设计企业发展的新路径，带着公司有关部门，走进高校，开展合作，设立项目，不拘一格网罗和培养了一批具有高学历、高水平的顶尖技术人才。

2017 年，华大北斗与深圳市龙岗区政府签署"华大北斗导航项目合作框架协议"，共同打造北斗导航产业基地，并成功推出全球首款支持"北斗三号"信号体制的多系统多频高精度芯片。这种芯片虽然只有五毫米见方，但身材瘦小的它有着大智慧，它的温度传感器，通过丰富的外围接口，可轻松应对各种扩展应用；它内置的多种国内外公认的数据加密单元，可满足高安全性产品需求。它可广泛应用于车辆管理、汽车导航、可穿戴设备、航海导航、GIS（地理信息系统）数据采集、精准农业、智慧物流、无人驾驶、工程勘察等领域。

这款芯片，荣获第九届中国北斗导航年会"北斗卫星导航应用'创新贡献奖'"。它的横空出世，让成立仅一年多的华大北斗，一跃成为明星企业。它也向世界宣告：中国北斗应用"中国芯"的历史已经开启。

从此，"北斗芯（心）"不再痛！

# 信念铸就辉煌

　　卫星远在太空，它的"保健医生"——测控人员却在地球上，两者相距数万千米。他们之间的交流互动是通过一种特殊的语言——测控体制来实现的。

　　我国航天事业起步相对较晚，在测控体制上始终"落后于人"，一直使用国外已经比较成熟的"相干扩频"测控体制。

　　中国卫星测控使用别人的测控体制，就像在大庭广众之下用别人的语言说"私房话"，不仅没有"秘密"可言，而且别人可以随心所欲地"插话干扰"。

　　设计中国自己的航天测控体制已刻不容缓！

　　北京跟踪与通信技术研究所的汪研究员坚信自己能找到一种中国测控人员与中国卫星交流的"语言"。他在大学期间学习了多门无线电扩频技术课程，打下了比较扎实的学科专业

主播：张航

微信扫码，
配套音频随身听

底子。参加工作后，他干过多年的设备研制。读研期间，他又系统研究了 GPS 导航测控技术及其国际标准。尤其是进入新世纪后，他服从工作需要，多次调整工作：2002 年，他刚刚完成"机载试验站遥测遥控"项目设计，又被调到新的研究室，承担新项目"探测二号卫星工程地面应用系统"总体设计；两年后，就在系统建设即将收官之时，组织上又把他调到"北斗二号卫星工程测控系统总体"项目组。

有人说，频繁更换工作，难以出成绩。汪研究员却认为，丰富的学习、工作经历，是培植科技新苗的一方丰厚的沃土。

数据传输信号技术的出现，让在黑暗中摸索的汪研究员看到了一丝亮光。他朝着这丝亮光探索前行。可推理的最后结果把他自己吓了一跳——"非相干扩频"测控体制。

"非相干扩频"，与当时世界通用的"相干扩频"，完全背道而驰，行得通吗？汪研究员全身心投入"非相干扩频"测控体制的论证工作中。

恰在那阵子，他父亲在老家不幸被车撞成重伤，住进了医院。由于忙于"非相干扩频"测控体制论证，他只能趁出差的机会顺道回家去看望了一下父亲，第二天就返回了单位。接着，他的妻子因视网膜脱落在医院做手术，他也没时间陪护。

随着论证工作的不断深入，汪研究员越来越坚信"非相干扩频"测控体制是成立的，而且将为中国卫星测控展现出一片广阔的远景、崭新的风景。但其中的"弯弯绕绕"太多，他冥思苦想也没有厘清其原理的来龙去脉。

汪研究员向研究室的董主任汇报了自己的研究结果。汇报时，他想尽量讲清"非相干扩频"测控体制原理，但讲了半天，他自己觉得没讲清，董主任也没听懂。最后，董主任问他："你告诉我，你感觉'非相干扩频'原理成立吗？"

汪研究员如实回答："我感觉没问题。"

董主任又问："你相信最后能成功吗？"

汪研究员说："只要让我干下去，一定能干出来。"

"那我一定支持你！"董主任表态说，"虽然我没完全听懂你的想法，尽管我心里还有疑问，但咱们同事这么多年，你的作风和品行我还不了解吗？我相信你的想法是对的，相信你一定能弄出来。同时，你也要相信我，只要你去弄，我一定全力以赴支持你；只要你弄出来，我一定全力以赴把它推广出去！"

但汪研究员的"非相干扩频"创新项目，却遭到了研究所有关专家"一边倒"的反对之声，导致"非相干扩频"测控体制迟迟不能立项。

为消除大家的疑问，共同推进"非相干扩频"测控体制研究，董主任担任研究所所长后，召集所里有关专家，再邀请一批外单位专家，集中听取汪研究员解答有关原理。但由于"非相干扩频"测控体制集成了多个方面的原理，构成非常复杂，让他很难厘清头绪，加之专家们都习惯于从自己的专业角度理解问题，就更难以沟通。因此，汪研究员绞尽脑汁解释了一个下午，讲得口干舌燥、嗓子眼冒烟，专家们也只觉得他说得"有些道理"，至于"道理在哪儿""为什么有道理"，大家依然没有听明白。

最后，董所长站起来说道："其实我和大家一样，对汪研究员的'非相干扩频'也没有彻底弄明白。但我为什么支持他呢？因为我相信他。他的人品、科研作风，大家和我一样了解。"接着，董所长向大家讲了一个关于汪研究员"当官"的故事。

汪研究员1985年从武汉大学毕业后分配到该研究所工作，一直从事技术开发，当过的最大的"官"就是专业组长、课题组长。而这个组长在他开始攻读在职研究生后，还主动提出让给别的同志干。

好几个朋友听说他要辞"官"，都很不理解："你傻呀？当了组长，既有利于评职称，又有利于以后发展，你看哪个科研单位的领导，不是从组长开始一步一步走上去的？"

汪研究员听了，轻轻一笑，说："一个人的能力和价值，并不是只靠当领导一个途径来实现的。一个科技工作者的人生价值，更应该体现在对科技事业的贡献上。"

朋友们说："当领导不会影响搞技术，还有利于搞技术、带团队。"

汪研究员并不赞同这一说法："一个人的精力是有限的，不可能什么都能得到。要问问自己最想得到什么、最擅长干什么，然后集中精力干好这件事情。"

…………

董所长说："一个对科学如此真诚的科学家，他会在科学面前玩噱头、搞忽悠吗？他认准的事情，绝对是有理由的，也是值得大家信任的。"

与会专家们都不约而同地点头。

有了领导的信任和支持，汪研究员的攻关意志更加坚定、热情更加高涨，仅用了几个月便完成了全部设计，并生产出产品。

接下来便是上天验证。汪研究员听说一家长期合作单位近期有卫星要上天，便立刻找上门去，请求让"非相干扩频"测控体制设备搭载上天验证。对方先让他说说有关设备原理。

汪研究员如实说："什么原理我也说不清楚。我已不知说了多少遍，始终没说清楚，大家也没听明白。"

对方惊讶道："那你这个产品是怎么做出来的？"

汪研究员说："虽然我说不清楚，但大家都相信我。"

"那我们也相信你。"对方说，"我们是十几年老交情、老朋友了，你是什么样的人，我们还不了解呀。"

上天试验结果，"非相干扩频"测控体制原理成立！

2006年，"非相干扩频"测控体制开始型号设备研制生产。2007年，上海微小卫星工程中心"创新一号"卫星，在全国率先携带"非相干扩频"测控体制设备成功升天。

北京跟踪与通信技术研究所第二研究室张主任，下大气力推荐"非相干扩频"测控体制进型号、上卫星，成果应用之花迅速在航天测控领域竞相绽放。现在，包括"北斗三号"导航卫星在内的全国所有卫星测控，均已运用具有完全自主知识产权、达到世界先进水平的"非相干扩频"测控体制。

"非相干扩频"测控体制，成功迈出了中国航天测控体制自主创新的第一步。它实现了一站多星、多站一星和多站多星同时测量，大幅提升了高精度时差测量，并以自己的方式向世界宣告：中国航天用"外国语言"指挥"中国卫星"的时代一去不复返了！

当好『保健医生』

2007 年春的一天，西安卫星测控中心测控大厅，响起一片繁忙、紧凑的"噼里啪啦"敲打键盘的声音。大家正在遥控一颗卫星进入工作轨道。这颗卫星肩负着重要使命，大家已经为它忙碌了一个多月。

大厅里终于响起一个悦耳的声音："卫星成功进入工作轨道！"

"哗——"大厅里响起暴风骤雨般的掌声。

正在这时，只见坐在测控席上的北京跟踪与通信技术研究所技术员曹高工，身子一软晕倒在地上。队友们赶紧把她送往医院。医生经过一番细致检查，惋惜地告诉她："你流产了。"

她似乎没听懂，又似乎意识到了什么："大夫，我怎么了？"

医生摇了摇头："你自己不知道？你怀孕了，可现在保不住了。"

主播：张寒凝

微信扫码，
配套音频随身听

一道晴天霹雳，瞬间把她的世界击得粉碎。她哇的一声掩面痛哭起来……

作为这次发射测控任务的总体设计负责人，曹高工业务水平非常高。她清楚地记得卫星测控中每一个信号的字符，却无暇顾及自己身体发生了哪些生理变化，没有发现一个宝贵的生命已经悄然降临。

卫星测控人员，被喻为卫星的"保健医生"，他们执行的任务，责任非常重大，而且非常紧张、烦琐。

卫星发射前四小时，作为"保健医生"，他们开始监护卫星的健康状况，看它是否具备远走太空的"身心素质"。运载火箭点火升空后，要引导火箭按照事先选好的方向和路径奔向太空，若它要小性子，没走在路中间而跑到路边上，就要拉拉它，让它回到路中间；若它太过任性，偏离原定路线太远，就要根据它所处的具体位置，重新设计一条路线，把它引向远离地面重要设施和人口密集区域，到无人区或人口稀疏的地方"自个儿任性去"（引爆）。

火箭冲出大气层，打开整流罩后，为了不影响卫星在真空环境里的工作，他们开始用指令排掉卫星里的空气。接下来，他们要发射一连串指令，进行星箭分离，确定卫星下一步飞行的大致方向，打开太阳能帆板，告诉卫星此后要开始独立工作、生活了。然后，他们开始进行精细调整，把它引导到设计轨道上，并对它再进行一次全面体检。

至此，他们还只是完成了测控的第一步——发射测控。更加漫长的连续十几年的第二步"保健工作"——正常管理，才刚刚开始。在这十几年里，他们要确保卫星在非常复杂的太空引力环境下，不偏离工作轨道；无论是白天还是夜晚、无论温差有多大，他们都要保护好卫星的"五脏六腑"，使卫星时刻保持"正常体温"；卫星无论任何时候出现状况，他们都要确保在第一时间"对症下药"，将卫星的各种病症消灭在萌芽状态；卫星年迈体衰了，到了实在难以胜任工作时，他们要送它最后一程，为它设计一个测控程序，让它把工作岗位让给后人，到一个安静的地方"颐养天年"……

这些工作，不仅每一项都十分细致烦琐，而且时刻令测控人员神经紧张，有时还会把他们惊出一身冷汗。2010年发射的一颗卫星，一级火箭分离、二级火箭分离、打开整流罩、星箭分离，都顺顺当当，可到变轨环节时，突然出现"星上发动机推力异常"。现场坐镇指挥的北斗工程"两总"，当即下令"暂停变轨"，火速召集专家会诊，费了九牛二虎之力，才查出氧路管道出了问题，而且还是个运用地面测控难以修复的物理问题。最后，虽然通过测控专家精细计算、巧妙测控，成功排除"难以排除"的故障，卫星最终变轨成功，但大家回头想想，还是感到阵阵后怕。要知道，若是故障不能排除，国家要损失上亿元。这样的故事，对于航天测控专家来说，可谓见怪不怪，说不定啥时候就会遇到。

曹高工和丈夫是同事，而且都特别喜欢孩子，都是那种看见熟人的孩子就想上去抱抱，听见别人的孩子叫爸妈就心痒的年轻人。可夫妻俩为了工作，聚少离多，爱情的结晶一次次与他们擦肩而过。

这次，爱情的结晶好不容易出现在他们的身边，可又因为工作的忙碌加之自己的大意……

好在皇天不负苦心人，就在"北斗二号"正式向亚太地区开放服务的 2012 年，他们的爱情结晶终于带着一声清脆的啼哭，走进了他们的生活。

茫茫太空，浩瀚无垠，像一部"天书"，蕴藏着无穷的奥秘；一颗颗人造卫星遨游太空，像一位位"使者"，传递天地间的话语。这些卫星看似"高大上"，实际上却很"娇气"，太空中任何突发情况都有可能将其置于险境。

在与卫星数年甚至数十年真诚陪伴中，航天测控人对卫星无比了解，无比熟悉，甚至有了"心灵感应"。卫星就像一个个孩子，每一条曲线、每一串数据、每一个字符，都是它们的语言。测控人，就像一个个心细如发的医生，不仅能听懂这些"孩子"的每一句话，甚至能从"孩子们"的每一次"心跳"和"呼吸"中，捕捉到它们的每一个异常信号，及时诊断它们的"病情"，果断开出"药方"，让它们转危为安。

北斗工程测控系统的王高工，就是这样一位细心敏感且医术高明的"卫星医生"。在三十多年卫星测控生涯中，曾凭着自己独到、高超的"医术"，让一颗颗"病危"的卫星化险为夷。

一次，一颗卫星升空不久，测控值班员突然发现储箱压力急速下降，低于正常范围，若不能迅速止跌，卫星将快速偏离飞行轨道，这样就无法进入工作轨道，也就意味着发射失败。现场气氛一下子紧张起来。

"王姐，怎么办？"值班员紧张地望着一旁的遥控操作员王高工。

只见王高工看了一眼显示屏上的数据后，镇定地开始敲打键盘，快速编写各种处置指令，几秒钟后，处置指令顺利发出，卫星重新得到有效控制。

航天测控涉及几十个主干学科、数百个专业、几千个岗位，每一个环节都不允许出现疏漏。航天人常说："卫星出现问题是正常的，不出现问题才是不正常的。"而卫星抢救，成败往往就在几秒之间，如此高强度、大压力、快节奏的工作，对测控人员的技术水平和身体素质都是巨大的考验。

2010年，某型号卫星在西昌卫星发射中心成功发射，按计划测控中心需要对卫星进行首次轨道控制。王高工细心地发现卫星高压气路压力参数异常，经过分析判定为卫星氦气泄漏。若不快速止漏，让氦气泄漏殆尽，卫星将完全失效。

指挥部得到王高工的报告后，立刻下令："进行应急变轨！"

可应急变轨发动机点火后，卫星姿态不稳、抖动频繁。应急变轨发动机不得不关机。

难以决断之时，王高工果断地说："必须变轨，否则卫星会失去抢救的机会！"

　　应急变轨发动机再次点火。王高工迅速对控制参数进行修正，卫星姿态终于平稳下来，给测控人员抢救卫星创造了机会，并最终让这颗卫星摆脱了险境。

　　大家说："王高工，你对这些卫星比对自己的孩子还了解呀！"

　　王高工总是这样回答："那是因为我盯这些卫星，比盯我家的独生子还盯得紧啊！"

# 航天组网「中国速度」

2017 年 11 月 5 日晚，群山环抱的西昌卫星发射场区，高高竖立在发射架旁的"长三甲"系列运载火箭在皎洁的月光下、通明的灯火里，显得那般庄重、神奇。

基于前期上面级（太空摆渡车）、卫星小型化等成果，这次发射采用"一箭双星"模式，它发射的是"北斗三号"第一、二颗组网卫星，也是第二十四、二十五颗北斗导航卫星。

19 时 45 分，随着指挥员一声"点火"命令，"长三甲"系列运载火箭瞬间化为一只火凤凰，展开绚烂的尾翼，拍打着强劲的翅膀，牵手两颗北斗导航卫星扶摇直上，将它们准确送入工作轨道。

"北斗三号"组网密集发射从此拉开序幕。

2018 年 1 月 12 日，"长三乙"运载火箭把第二十六、二十七颗北斗导航卫星送上太空。

主播：瑞芳

微信扫码，
配套音频随身听

2018年2月12日，"长三乙"运载火箭将第二十八、二十九颗北斗导航卫星送上蓝天。

2018年3月30日，"长三乙"运载火箭把第三十、三十一颗北斗导航卫星送入工作轨道。

2018年7月10日，"长三甲"运载火箭成功地把第三十二颗北斗导航卫星送上高轨。

2018年7月29日，"长三乙"运载火箭圆满发射第三十三、三十四颗北斗导航卫星。

…………

在一年多的时间里，中国北斗人将几十颗北斗导航卫星送上蓝天，平均半个月发射一颗卫星，而且大多数采用"一箭双星"发射模式，发射成功率100%，创造了世界航天组网的"中国速度"！

时光之驹跨过2020年的门槛，中国北斗人开始着手北斗全球系统组网收官之星——第五十五颗北斗卫星发射工作。此时的北斗工程建设，就像《西游记》中的唐僧取经，经历了曲曲折折，克服了千难万险，终于到达西土，得到了真经，踏上了归途，只要收官成功，便可成就千秋伟业。

哪知，仿佛唐僧取经路上经历八十难后又遭遇了第八十一难，一连串新的磨难继续考验着中国北斗人。

首先，百年罕见的新冠大疫情突袭而至，而且铺天盖地、来势汹汹，所有人类生活、生产计划因此而改辙易途。

中国北斗人，一边严防死守疫情冲击，一边紧锣密鼓推进收官之星发射准备工作，在6月初向世界宣告：北斗全球系统收官之星，将在预定窗口6月16日上午发射升空。

哪知，在北斗收官之星发射窗口前一天，又发现了重大安全隐患——运载火箭加注推进剂后，检测人员发现减压阀上出现了一条小裂缝！

航天发射，可是"差之毫厘，失之千里"，裂缝再小，也必须修复！

收官之星发射被迫延时。

排除小裂缝隐患，必须先泄出火箭里的推进剂，否则，箭壳体及其零部件将被腐蚀破坏。火箭推进剂，是腐蚀性极强、反应灵敏且剧烈的化学物质，一滴推进剂从一米高的空中掉在地上，都有可能引起爆炸。它极高的危险性，致使火箭推进剂一旦进入加注环节，发射工作便随之进入不可逆转流程。泄出推进剂，在长征系列火箭发射史上，这是第一次，危险与艰难均不可预知。这对加注人员来说，是一次勇气与技术的双重考验。

加注人员毫不畏惧、迎难而上。时值酷暑，烈日炎炎。他们身穿厚实密封的防护服，顶着高温谨慎操作，进入箭体检测维修，连续奋战数十小时，终于安全泄出推进剂，并成功修复减压阀上的小裂缝。

当他们完成任务，脱下身上的防护服时，每件防护服里竟倒出六七斤汗水！

发射指挥部确定6月23日上午9时43分发射收官之星。

这时，天气预报系统又报告，发射窗口前一天，发射场区将出现雷雨天气，将持续多长时间尚不能确定。

大家的心又随之悬了起来。气象预报系统科研人员，紧张地忙碌起来，紧急进行各种数据收集，快马加鞭地进行数据处理，终于给大家带来了一个好消息：发射窗口天气开始放晴。

果然，23日清晨，发射场区的雷鸣渐渐远去，风雨慢慢停歇下来，发射场开始明亮、宁静起来。

6月23日上午9时43分，"长三甲"系列运载火箭托举北斗导航系统最后一颗组网卫星飞向太空。约30分钟后，卫星顺利进入预定轨道。

6月30日14时15分，西安测控中心报告：北斗系统最后一颗组网卫星成功定点于距离地球36 000千米的地球同步轨道。

中国北斗人秉承航天报国、科技强国的使命情怀，团结协作、顽强拼搏、勠力创新、攻坚克难，成功克服新冠肺炎疫情影响，提前完成系统建设，建成了我国独立自主、开放兼容的全球卫星导航系统。

# 中国北斗
# 天下福音

2020 年 7 月 31 日上午，北斗三号全球卫星导航系统建成暨开通仪式在北京举行。中共中央总书记、国家主席、中央军委主席习近平出席仪式，并宣布"北斗三号"全球卫星导航系统正式开通！

为了这一天，北斗人奋斗了 26 年。为了这一天，国家组织千军万马，北斗人克服千难万险、吃尽千辛万苦。为了这一天，多少当初的"毛头小伙儿"已然白了头，多少"子欲养而亲不待"的悲痛永留心间，多少健壮的身躯历尽沧桑，又有多少造星人已然远去，化作北斗星座璀璨的光芒。

主播：吴鲲

微信扫码，
配套音频随身听

现在，北斗终于开始走向全球，走进千家万户、造福千秋万代。听到这个消息，北斗人所有的艰辛与付出，都化作了欣慰："这辈子能参与北斗卫星导航系统建设，是人生的幸运与幸福！"

北斗人用心血、汗水与智慧，成功地开创了一条中国式北斗之路。在这条中国特色卫星导航创新道路上，北斗人披荆斩棘、继往开来，从创建覆盖国土的北斗一号、覆盖亚太的北斗二号到建成覆盖全球的北斗三号，探索创新的脚步从未停歇。

随着北斗卫星导航服务全球时代的来临，在实现中华民族伟大复兴的征程上又增添了一个大国重器，国家经济更加繁荣昌盛，高新技术创新更加充满生机，人民生活更加丰富多彩……

随着北斗导航不断走向世界，尤其是通过与 GPS、格罗纳斯、伽利略等导航系统广泛深入的融合，北斗导航将为世界提供质量更佳、稳定性更好、可靠性更高的服务，更好地服务"一带一路"建设发展，造福世界人民，为人类社会发展做出应有的贡献。

中国北斗人在登上世界卫星导航技术高峰的同时，还创造了"自主创新、开放融合、万众一心、追求卓越"的新时代北斗精神。新时代北斗精神，是中国北斗人志在高峰、团结协作、胸怀世界的生动注脚，也是中国共产党人不忘初心、牢记使命的现实写照。

习近平总书记在参观北斗系统建设发展成果展览展示时强调：26年来，参与北斗系统研制建设的全体人员迎难而上、敢打硬仗、接续奋斗，发扬"两弹一星"精神，培育了新时代北斗精神，要传承好、弘扬好。

北斗卫星导航系统，是中国的北斗、一流的北斗。从星座构型，到技术体制、功能服务、应用设计等，中国北斗都有着创新设计，都饱含北斗特色，其技术先进、功能强大、性能优异。北斗系统对外承诺的服务指标是10米定位精度，现在已经实现了5米定位精度，甚至更优，在局部地区可以达到2到3米的定位精度；授时精度对外承诺的是20纳秒，现在可以提供10纳秒授时精度。

中国北斗可以提供定位导航授时、国际搜救、全球短报文等多种服务，是世界服务功能最多的卫星导航系统。北斗系统是世界上首个具备全球短报文通信服务能力的卫星导航系统。如在海上没有手机信号，或者是灾害发生时通信受阻，可以通过北斗终端发送短报文。截至2023年底，我国已有10万多艘渔船和执法船安装了北斗终端。据不完全统计，至今已有1万多个渔民遇险时通过北斗短报文求救而幸免于难。

虽然北斗人已然站在世界卫星导航技术的最高峰，但他们并没有停歇前行的脚步，他们继续把目光投向深海、地下、太空……所有人类卫星导航的盲区。

随着综合时空体系的建成，中国北斗将成为一个更智能、更泛在、更融合的系统，无论是室外还是室内，地面还是地下，深海还是深空，都能得到北斗卫星导航更强、更安全、更可靠的服务。

到那时，在人类卫星导航的星空中，中国北斗将是那颗最亮的星。

习近平总书记强调，北斗系统造福中国人民，也造福世界各国人民。中国坚持开放融合、协调合作、兼容互补、成果共享，愿同各方一道，推动北斗卫星导航系统建设、推进北斗产业发展，共享北斗卫星导航系统成果，促进全球卫星导航事业进步，让北斗系统更好地服务全球、造福人类。

> 山河辽阔
> 我，在哪里
> 茫茫人海
> 你，在哪里
>
> 自古以来
> 我们仰望星辰
> 有北斗的地方
> 就有方向
>
> 穿梭千年
> 我们经纬时空

从北斗七星到北斗卫星导航

我们让"中国星座"闪耀全球

有"北斗"的地方

就有梦想

有"北斗"的地方

成就梦想

梦想，无止境

北斗，亦无止境

中国航天

征途如虹

北斗，为梦想导航

正如中国北斗宣传片所描绘的那样，哪里有北斗，哪里就有梦想。有北斗的地方，就是福地。有了北斗，就能从迷茫中找到方向、在困境里看到希望。

面向世界，北斗已进入民航、海事、移动通信等国际组织标准体系，正加快融入国际工业体系。其独具特色的短报文通信可以让用户发送精确位置和信息，这无疑能让搜救领域实现"质"的变革。甚至与手机完美融合，"一机在手，永不失联"。

中国坚持"美美与共"的科技成果共享理念。北斗愿意并努力为此贡献力量，让北斗更好地"服务全球、造福人类"。

　　当前，北斗系统已在全球超过一半的国家和地区得到应用，向亿级以上用户提供服务，基于北斗的土地确权、精准农业、数字施工、防灾减灾、智慧港口等各种解决方案在东盟、南亚、东欧、西亚、非洲等区域的众多国家得到应用。北斗国际合作通过测试评估、技术研发、应用示范、教育培训等多种方式，与合作国加强卫星导航领域的技术合作交流，惠及民生福祉、服务社会发展，实现共同进步。

　　现在，中国北斗已与100多个国家签订应用合作协议。中国的北斗，已名副其实地成为世界的北斗、全人类的福音。

附录一：

# 北斗应用实例

中国卫星导航专家们说："不怕做不到，就怕想不到。"这句话深刻地揭示了中国人的智慧与勇气，以及我们在面对挑战时所持有的坚定信念。

中华民族自古以来就拥有丰富的想象力，这份想象力如同璀璨的星辰，点亮了我们的历史长河。正是凭借着这份想象力，我们的祖先创造了悠久、灿烂的古代文明，从四大发明到诗词歌赋，从万里长城到故宫，每一处都充满了无尽的创意与智慧。

在现代社会，这份想象力依旧在中华儿女的血脉中流淌。北斗人，作为新时代的探索者，他们更不缺乏想象力。他们运用自己独到的眼光、超人的智慧，将北斗导航成功应用于众多领域，交通运输、农林畜牧业、食品安全监管、智能驾驶、公共安全等，都留下了北斗导航的深刻印记。

如今，北斗导航正在开创让人耳目一新的"新生活"。可以预见，随着技术的不断进步和应用领域的不断拓展，北斗导航将会为人类带来更多的惊喜和福祉。它不仅将助力我们的国家走向更加繁荣富强的未来，更将引领全球导航技术的发展，为人类社会的进步贡献中国智慧和中国力量。

森林防火

电信

农林畜牧

水利

交通运输

食品安全监管

智慧城市

国家安全

渔业

勘测

## 交通运输应用

北斗导航在交通运输领域发挥了巨大作用。无论是公路、铁路还是航空、航海，北斗导航都提供了精确的定位和导航服务，大大提高了运输效率，减少了事故发生的可能性。

在物流行业，北斗导航在提高运输效率方面尤为突出。

以往，货车司机在长途运输过程中，常常因为路况不熟悉、交通拥堵等，导致运输效率低下，成本高昂。然而，自从有了北斗导航系统后，情况发生了翻天覆地的变化。

北斗导航系统为货车司机提供了实时、精准的路况信息。司机在出发前，可以通过北斗导航规划出最优的行驶路线，避开拥堵路段，减少不必要的绕行。在行驶过程中，北斗导航还能实时更新路况，帮助司机灵活调整行驶路线，确保货物能够准时、安全地送达目的地。

除了路况信息，北斗导航还具备车辆定位功能。物流公司可以通过北斗导航实时监控货车的行驶轨迹和速度，确保货车按照预定的路线和时间行驶。一旦发生异常情况，如货车偏离路线或行驶速度异常，公司可以立即采取措施，确保运输过程的安全和效率。

此外，北斗导航还与其他智能技术相结合，进一步提升了运输效率。例如，通过与物联网技术的结合，北斗导航可以实现对货车载重、油耗等数据的实时监控和分析，帮助物流公司优化运输方案，降低运输成本。

北斗导航的应用不仅提高了运输效率，降低了运输成本，还提升了物流公司的服务质量和客户满意度。如今，越来越多的物流公司开始采用北斗导航系统，以应对日益激烈的市场竞争和日新月异的客户需求。

同时，北斗导航还能大大降低交通事故的发生。数据表明，交通事故主要集中在"两客一危"车辆（指从事道路班线客运、包车客运、危险货物运输企业所属车辆），而事故原因则以超速、疲劳驾驶居多。交管部门及时把北斗导航技术引入"两客一危"车辆管理，建立起覆盖全国的车辆监管"大网"，网住了六百余万辆运营车辆。该平台会及时提醒司机"您已超速，请您降速行驶""您已连续行驶四小时，身体已经疲倦，请在前方服务站休息"等等，有效地减少了车辆运输安全隐患。

## 食品安全监管应用

食品安全是当下人人关注的社会问题。北斗导航在食品安全监管领域的应用日益广泛，其中一个典型的实例发生在农产品追溯体系中。

农产品追溯体系，旨在确保农产品的来源可追踪、去向可查询，从而有效防范食品安全风险。

在这个体系中，北斗导航发挥了关键作用。首先，在农产品的种植、养殖阶段，农户可以利用北斗导航设备对农田、养殖场进行精确的定位和监测。通过记录农作物的生长环境、养殖动物的健康状况等信息,确保农产品的生产过程符合安全标准。

其次,在农产品的加工、运输环节,北斗导航也为追溯体系提供了有力支持。加工企业可以利用北斗导航设备对原料来源进行精确追踪,确保原料的安全可靠。同时,在运输过程中,北斗导航可以实时监控货物的运输轨迹和状态,确保货物在运输途中不发生污染或变质。

比如地沟油,本是价廉物美的工业原料,却因不法分子的贪念而跑进了商场、厨房,成为人们心目中的"过街老鼠",人人喊打,有关部门屡禁不绝。

食品安全监管部门创造性地将北斗导航定位技术应用于地沟油运输车辆监控,随时掌控地沟油流向,一旦发现它没有流入定点工厂车间而越过"雷池",去了不该去的地方,监管人员就会根据导航系统定位,立刻前往纠察,让它重归正轨。

最后,在农产品的销售阶段,消费者可以通过扫描农产品上的二维码或查询追溯系统,了解农产品的生产、加工、运输等全过程信息。这样,消费者可以更加放心地购买农产品,同时也为监管部门提供了有力的监管手段。

北斗导航系统,让农产品追溯体系得到了显著加强。农产品的来源更加清晰、去向更加明确,监管部门能够迅速定位并处理食品安全问题。同时,消费者也对农产品的安全性有了更高的信任度,促进了食品市场的健康发展。

## 农业生产应用

北斗导航在农业领域的应用也取得了显著成果。通过北斗导航，农民可以更加精确地掌握农田的地理信息，实现精准播种、施肥和收割，提高农业生产效率。同时，北斗导航还可以帮助农民预测天气变化，制订更加科学的种植计划，降低自然灾害对农业生产的影响。

北斗导航在农业生产中的应用，正逐渐改变着传统农耕方式，使得农业生产更加精准、高效。过去农民主要依赖经验和传统工具进行农业生产，这种方式往往存在效率低下、成本较高等问题。然而，随着北斗导航系统的引入，这些发生了翻天覆地的变化。

首先，在播种阶段，利用搭载北斗导航自动驾驶系统的高科技农机具进行作业，能使这些农机具精确控制播种的行距和株距，确保种子分布均匀，提高了播种的精度和效率。同时，北斗导航系统还能够实时监测农田的土壤湿度、温度等信息，为农民提供科学的播种建议，进一步提高了播种质量。

其次，在田间管理方面，北斗导航也发挥了重要作用。利用北斗导航精准定位技术，对农田进行精确的施肥、灌溉和打药等操作，不仅减少了化肥和农药的浪费，降低了对环境的污染，还提高了农作物的产量和品质。

此外，北斗导航还助力了农作物的收割工作。在收割季节，利用北斗导航自动驾驶的收割机进行作业，能够精确控制收割的速度和深度，减少了农作物的损失。同时，北斗导航系统还能够实时监测收割机的作业状态，确保收割工作的顺利进行。

通过北斗导航在农业生产中的应用，可实现从播种到收割的全流程自动化和智能化管理。农民不再需要耗费大量时间和精力进行田间劳作，而是可以更加轻松地完成农业生产任务。同时，北斗导航的应用也提高了农业生产的精度和效率，降低了生产成本，为农民带来了更高的收益。

在四川省成都市的一个高产高效农机推广示范区里，春日暖阳下的广袤田园间，多种类型的现代智慧农业机械正忙碌地穿梭往来，旋耕机打田，起垄机起垄，生菜移栽机栽种覆膜……

在一块刚刚完成收割的土地里，一名旋耕机驾驶员打火启动，下地作业，只用了 10 分钟便整出了一块 20 多厘米高数十米长的平整地垄，而且平整度误差小于 1 厘米。在过去"画石灰线"垄作的时代，完成这样的作业量，需要三四个强壮劳动力辛勤劳作一个多小时，整出的地垄还歪歪扭扭、坑洼不平。

在田边，立着一个类似摄影三脚架的仪器，安放在三脚架上的仪器不断闪烁。这是北斗导航装置，信号可覆盖方圆 5 平方千米，为各种机械提供信息化服务。各种机械上都装有接收装置，根据北斗导航装置给出的指令进行自动化作业。司机不用操纵方向盘，只需通过屏幕，就可以掌握作业情况。

这就是北斗导航应用于农业生产的生动一幕。

北斗导航不仅推进了农业的自动化，还提升了土地耕种的"精细化"。据新疆生产建设兵团统计，北斗导航技术使兵团土地利用率提高了 0.5%。别小看这 0.5%，据第三次全国国土调查，我国耕地总面积约为 19.18 亿亩，如果未来这些耕地都用上北斗导航技术，利用率都提高 0.5%，就等于为国家增添了近 1000 万亩耕地！按亩产 300 千克粮食计算，一年就可增收粮食近 300 万吨！

## 智能驾驶应用

北斗导航在智能驾驶领域的运用，正逐渐将传统的驾驶方式转变为更加智能、安全和高效的驾驶模式。

首先，北斗导航为智能驾驶车辆提供了精确的定位服务。通过北斗卫星的高精度信号，车辆可以实时获取自身的位置信息，并与其他车辆和道路基础设施进行精确的位置共享。这使得智能驾驶车辆能够准确识别道路标志、交通信号以及障碍物，从而实现更加精准的导航和驾驶决策。

其次，北斗导航还提供了实时的路况信息。通过与交通管理部门合作，北斗导航系统能够实时获取道路拥堵、事故多发路段等信息，并将其传输给智能驾驶车辆。车辆可以根据这些信息调整行驶路线和速度，避开拥堵和危险区域，提高行驶效率和安全性。

此外，北斗导航还与其他智能设备进行了无线连接，实现了车辆与周边环境的智能互联。例如，通过与车载摄像头、雷达等传感器的结合，北斗导航可以实时感知车辆周围的行人、车辆和其他障碍物，并自动进行避让和制动操作。这大大降低了交通事故的风险，提高了驾驶的安全性。

近年来，随着人民生活水平的不断提高，许多家庭都开上了小汽车。但人们还期待着更舒适的出行生活：下班了，提着公文包走出写字楼，钻进自己的爱车，在输入终端写上一个"家"，然后闭上眼睛休息，一觉醒来，已经到家了……

多少年来，人们一直梦想着智能驾驶时代的到来。几乎在美国GPS建成之日起，人们就开始探索运用卫星导航实现这一梦想，智能汽车也由此成为当前最引人注目的产业之一。为占领这个超乎人们想象的市场，世界各国纷纷出台扶持政策。而要确保智能驾驶安全可靠，卫星导航定位精度就必须小于0.25米。达不到这个标准，就会对交通安全带来危害。

北斗导航精度成功地突破厘米级，让人们的这一梦想成为可能。

2017年5月23日至25日，第八届中国卫星导航学术年会在上海举行。海格通信集团宣布研制出新一代北斗便携式智能综合终端，实现了20厘米精度+室内外无缝定位，并与小鹏汽车集团签署了合作协议，将"20厘米级"高精度定位、高精度地图、高精度算法的北斗导航设备运用于汽车提质项目，在全国率先联合研制智能驾驶乃至无人驾驶汽车。

在合作协议签字仪式上，海格通信北斗导航部总经理与小鹏汽车副总裁的手紧紧握在一起，这是高技术与实业的握手，是北斗导航与未来产业的握手，两双健壮的手臂共同搭起一座实现无人驾驶汽车梦想的桥梁。

## 公共安全应用

在公共安全领域，北斗导航系统也发挥着重要作用。它可以用于灾害救援、应急指挥等方面，提高了救援效率，减少了灾害损失。同时，北斗导航系统还可以用于人员定位、轨迹追踪等方面，为公共安全提供了有力保障。

首先，北斗导航为公共安全管理部门提供了精确的定位服务。无论是消防、救援还是警务人员，在紧急情况下都能够通过北斗导航快速确定自身位置，以及受灾区域的具体位置。这对于迅速部署救援力量、制订救援方案至关重要。

其次，北斗导航能够实时传输灾区信息。在自然灾害或其他紧急情况下，灾区往往存在通信中断的风险。而北斗导航系统具备独立的卫星通信能力，即使在通信设施受损的情况下，也能保证信息的畅通。救援人员可以通过北斗导航设备将灾区的情况实时传输给指挥中心，为决策者提供准确的现场信息，有助于做出更科学的决策。

此外，北斗导航还能与其他公共安全系统进行无缝对接。例如，与视频监控系统结合，可以实时获取灾区的监控画面；与气象系统结合，可以获取实时的天气信息，为救援行动提供气象保障。这种多系统的融合应用，大大提升了公共安全管理的效率和准确性。

博克拉是尼泊尔的第二大城市，著名的旅游胜地。春末夏初是旅游旺季，博克拉春暖花开、轻风习习。

2015年4月25日，和往常一样，来自世界各地的游客迈着悠闲的步子，带着舒心的笑容，惬意地观赏着博克拉宜人的景致。当地居民则照常享受着他们的慢节奏生活，就连墙上的时钟，也和人们一样，迈着不紧不慢的步子。可当时钟的指针走到下午2时11分时，一场巨变令人猝不及防：大地突然剧烈摇晃，平静的山谷响起炸雷般的轰鸣，城里的建筑哗啦哗啦地倒塌，山上的泥土、石头猛兽般冲下来……这就是尼泊尔"4·25"地震！

这是一次罕见的大地震，震级高达8.1级，波及周边几个国家。尼泊尔的基础设施哪经得住这般摧残，城建、交通等设施受到严重损毁，通信设备完全瘫痪。

幸运的是，他们手中的北斗没有受到任何影响。尼泊尔政府用北斗向友好邻邦——中国发出了救援请求。收到信息后，中国搜救队、医疗队在北斗引导下千里驰援，第一时间开进灾区。满载着救援物资的运输车队也沿着北斗指引的路线，及时赶到了灾区……

北斗，既是中国的福星，也是世界的福星！

这个实例充分展示了北斗导航在公共安全领域的重要作用。通过提供精确的定位、实时的信息服务以及与其他系统的协同工作，北斗导航为公共安全提供了有力的技术支撑，提高了应急响应和灾害管理的效率。随着技术的不断进步和应用领域的不断拓展，相信北斗导航将在未来为更多公共安全领域提供更加强大的支持。

## 畜牧业应用

每年1月，是蒙古国中央省牧民很莫德呼老人最难度过的日子，因为这是那里一年中最寒冷的时候。"在冰天雪地、寒风呼啸的旷野上放牧，一天下来，身体都快变成一根冰柱了。"很莫德呼摇着头说。但接着，他从身上摸出手机，脸上的愁容变成了喜色，"现在好了，中国给我们送来了北斗卫星导航放牧系统，给种马、种驼、领头牛羊戴上卫星设备，用手机就能知道整群牲畜的位置、数量和生存状态，我们再不用整天跟着牛羊到处跑啦。中国的北斗卫星真是神奇啊！"

北斗导航在畜牧业中的应用，以其精准的定位和实时的信息服务功能，为畜牧业的生产管理带来了革命性的变革。

传统的畜牧业管理方式往往依赖于人工巡查和经验判断，这种方式不仅效率低下，而且容易出现疏漏。然而，随着北斗导航系统的引入，很多牧场实现了智能化、精细化的管理。

首先，牧场为每一只牲畜都配备了装有北斗芯片的项圈或耳标。这些项圈或耳标能够实时记录牲畜的位置、活动轨迹以及健康状况等信息，并通过北斗卫星将这些数据传输到牧场的管理系统中。这样，牧场管理人员就可以随时了解每一只牲畜的实时情况，无须再进行烦琐的人工巡查。

其次，基于北斗导航的精准定位功能，牧场管理人员可以精确掌握牧场的资源分布情况，如草场、水源等。通过合理规划和调配资源，确保了牲畜能够得到充足的饲料和水分，提高了饲养效率。

此外，北斗导航还助力了牧场的疾病防控工作。通过北斗导航实时监测牲畜的健康状况，一旦发现异常情况，如体温异常、行动迟缓等，系统便会立即发出警报，提醒管理人员及时采取措施进行处理，防止疾病的扩散。

这样，北斗导航不仅提高了畜牧业的生产效率和管理水平，还降低了人力成本和安全风险。通过智能化的管理方式，牧场实现了对牲畜的精细化管理，确保了畜牧业的可持续发展。

## 其他领域应用

北斗导航系统还在智慧城市、环境监测、科学研究等领域得到了广泛应用。它的成功应用不仅推动了相关产业的发展，也提升了人们的生活质量，开创了让人耳目一新的"北斗新生活"。

在海洋渔业领域，北斗导航系统发挥着举足轻重的作用。渔民们可以利用北斗导航系统进行渔船定位和航行安全监控，准确找到渔场，提高捕鱼效率。同时，北斗导航还可以为渔业管理部门提供实时的渔船位置信息，有助于进行渔船管理和海上救援工作。

在电力通信领域，北斗导航系统也展现出了其强大的应用能力。在电力行业中，北斗导航被用于电力线路巡检、设备定位和故障诊断等工作。通过北斗导航的精准定位功能，电力工作人员可以迅速定位故障点，提高电网运行的可靠性和安全性。

在科学研究领域，北斗导航系统也发挥着不可替代的作用。例如，在地壳运动监测、大气科学和空间天文观测等方面，北斗导航为科学家提供了精确的时空参考数据，为科学研究提供了有力支持。

此外，北斗导航还在环保、气象、通信等领域发挥了重要作用。例如，北斗导航可以实时监测环境污染情况，为环保部门提供决策支持；在气象领域，北斗导航可以提供更加准确的天气预报和气候监测数据；在通信领域，北斗导航可以与其他通信系统进行融合，提供更加稳定和可靠的通信服务。

除了在国内广泛应用外，北斗导航系统在世界各地也展现出了其强大的应用价值。

在我们亚洲，塔吉克斯坦的萨雷兹湖大坝监测、中吉乌公路贯通、中哈原油管道输送、中欧班列的日常运行，都离不开北斗高精度定位的默默守护。此外，在阿拉伯国家、在东盟，北斗应用日益广泛，涵盖农业生产、城市治理、野生动物保护等各个领域。

在广袤的非洲大陆，30多个国家正在应用北斗。莫桑比克万顷水稻，基于北斗的无人机大大提高了植保作业效率。布基纳法索的一家新医院因北斗，建筑测绘时间节省了一半，它的快速建成对包括新冠疫情在内的当地传染病防治发挥了重要作用，同样因北斗而受益的还有塞内加尔的高速公路建设。

北斗导航系统在世界各地各领域的应用广泛且深入，不仅提高了各行业的生产效率和管理水平，也为全球范围内的公共安全、环境保护和可持续发展做出了重要贡献。随着技术的不断进步和应用领域的不断拓展，相信北斗导航将在未来为世界为更多领域带来创新和变革。

附录二：

# 北斗科普故事

## "太空钻石"：通信频率

茫茫太空，无边无际，似乎为人类留下了辽阔宏大的活动空间。而事实上，这片深邃的太空，留给人类活动的并不是一片信马由缰、肆意驰骋的无边草原，而是一条条"狭路"。

比如卫星通信频率。众所周知，任何卫星系统的信息感知、信息传输，都需要使用电磁频谱，而电波在空地间的传播过程中存在大气层损耗。不同频段传播损耗不同，其中传播损耗最小的频段，被称为"透明无线电窗口"；传播损耗较小的频段，通常被称为"半透明无线电窗口"。这些频段只占无线电频谱的一小部分，各类卫星主要应用这些频段。其他频段损耗较大，不宜使用。

通信频率，作为有限的不可再生资源，被大家喻为"太空钻石"。

既然有限，就有竞争。太空通信资源竞争随着人类拉开航天大幕而开启，并随着经济和科技的发展愈演愈烈。地球静止轨道上 C 频段通信卫星已近饱和，Ku 频段通信卫星也很拥挤，需要协调的事时有发生。抢占卫星频率，已成为当今世界航天领域角逐的热点之一。在这场太空资源竞争中，航天强国凭借经济和技术优势，已把卫星频率和轨道优质资源先占先用。近年来，印度、日本、韩国、马来西亚等国家，也纷纷自行或联合制造通信卫星，使太空通信频率竞争更为激烈。

为确保世界各国平等、合理、经济、有效地使用卫星频率和轨道资源，国际电信联盟先后组织签订了《外层空间宣言》《外层空间条约》《国际电信联盟组织法》《国际电信联盟公约》《无线电规则》《程序规则》《建议书》等众多法规，其对卫星频率资源的管理分配机制非常系统完备，但对频率主导权归属这一核心问题，却依然遵循"谁先用谁先得"的原则，并同时规定自注册之日起，必须在七年内把卫星发射升空，并在地面收到卫星信号，逾期将被视为自动放弃。

当覆盖国土的"北斗一号"卫星导航区域系统成功开通，准备向覆盖亚太地区的"北斗二号"卫星导航系统进军时，能用于卫星导航通信的频率只有最后一段了。于是，中国有关部门在2000年4月向国际电信联盟注册了该段频率的使用权。与此同时，欧盟国家也决定启动"伽利略"计划，着手建设自己的卫星导航全球系统。因此，欧盟航天部门也向国际电信联盟注册了这段频率的使用权。中国北斗和欧盟"伽利略"之间不可避免地发生了争夺通信频率主导权的问题。

最终，中国北斗人顽强拼搏、昼夜兼程，用三年时间走完了国外同行七八年走过的路，赢得了最后一段卫星通信频率使用主导权，让中国赶上了世界卫星导航系统建设的最后一班车。

## 亚太第一系统：北斗二号

2012 年 10 月 25 日 23 时 33 分，一枚"长三丙"运载火箭，托举中国第十六颗北斗导航卫星呼啸升空，顺利进入工作轨道，这标志着北斗二号系统星座部署完成，也标志着艰难曲折的服务亚太区域的"北斗二号"卫星导航系统建设之战圆满成功！

"北斗二号"卫星导航系统，是世界发展中国家独立自主建成的第一个覆盖亚洲地区的卫星导航系统，因而被誉为"亚太第一系统"。

"北斗二号"卫星导航系统虽然是个区域系统，但"亚太第一系统"这个名号名不虚传。它具有极高的创新价值，除了上述的"第一"，它还创造了另外四个"第一"：是国际上第一个将多功能融为一体的区域卫星导航系统；是我国第一个与国际先进系统同台竞技的航天系统，直面国际竞争，与国外先进系统比性能、比服务；是我国第一个面向大众和国际用户服务的空间信息基础设施，需要经受数以亿计的各类用户长期连续稳定使用的严苛考验；是我国第一个复杂星座组网的航天系统，卫星与地面站星地一体组网运行！

2012 年 12 月 27 日清晨，中国向世界宣告"北斗二号正式向亚太地区开通运营服务"。

2012 年 12 月，中央电视台"中国经济年度人物奖"获奖名单揭晓。北斗卫星导航系统任务团队获得"2012 中国经济年度人物创新奖"。

2017年1月5日，2016年度国家科技进步奖评选结果揭晓。北斗二号导航系统荣获国家科技进步特等奖。

2017年12月3日，第四届世界互联网大会在中国浙江乌镇召开。大会授予北斗卫星导航系统"领先科技成果"奖，北斗卫星导航系统也是本届大会唯一享此殊荣的卫星导航系统。

中国卫星导航系统管理办公室主任冉承其发表了获奖感言："卫星导航的诞生，彻底改变了这个世界。……现在我要告诉大家的是，在这个改变中，中国不是旁观者，而是践行者，更是创新者。……一个更高效、更精准的时空服务，正在由北斗给出中国方案！"

## 北斗"天路"：星间链路

与"北斗二号"卫星相比，"北斗三号"卫星"量身定制"了许多新装备、新技术，其中的一大亮点是实现卫星间互联互通的星间链路技术。星间链路是实现导航星座自主导航的核心，是提升卫星导航系统自主运行能力的关键。

2015年，拥有我国自主产权的星间链路载荷在北斗试验卫星上首次亮相，对建链方式、测距精度和数据传输时延及效率等多项内容进行了试验验证。

北斗星间链路通过高－中轨、中－中轨卫星链路和星－地（地面锚固站设备）链路，实现"一星通，星星通"。

星间链路对我国北斗卫星导航系统而言，有着特别的意义：

1. 弥补地面测站分布稀疏性缺陷。受各方因素限制，北斗系统不可能像 GPS 一样实现全球布站以支持系统日常运行和控制。有了星间链路，导航卫星同时也是移动的观测站，对克服监测站分布的局限性和稀疏性具有重要意义。

2. 提高导航星历更新频度。常规地面运控模式下，导航星历更新需要经过监测站数据采集、主控站数据处理以及导航星历上注三个阶段，需要经过远程地面站之间数据传输、星地之间数据传输等过程，受地面注入站与卫星之间可见性的影响，降低导航星历更新频度的受限因素更多。自主导航直接利用星间测量和星载处理更新导航星历，减少了星地之间数据传输环节，相比而言，导航星历数据龄期可以更短。此外，通过境内注入、星间转发的方式，可以解决境外卫星星历[16]更新的难题。

3. 提高导航系统可靠性。自主导航产生的导航星历作为一种相对独立的数据源可用于在轨评估地面运控系统上注星历，为地面预报星历精度在轨实时评估提供了一种新的手段，增强了系统运行稳定性。另外，星间测量的高可见性及测量频度，可有效提高卫星可监测弧段，增强系统完好性监测能力。

星间链路是北斗三号的亮点，但绝不是导航星座的专利。浩瀚星河遥相望，星间链路搭桥梁。星间链路不仅是导航星座内卫星沟通的桥梁，更是打破不同类型卫星通信壁垒的利器。遥想未来，导航卫星、遥感卫星、通信卫星，甚至空间站都可以通过星间链路进行联通，实现太空"一星通，星星通"。

附录三：

# 星知识

## ① 纳秒级窄脉冲采样示波器

纳秒级窄脉冲采样示波器是一种用于采集高速脉冲信号的电子测试设备，具有极高的采样率和带宽。这种示波器能够以极短的时间间隔（纳秒级）对信号进行采样，从而精确地捕捉和分析快速变化的信号波形。它在雷达、激光接收机等光电跟踪系统中扮演着关键角色。

## ② 星地对接试验

星地对接试验是对卫星的重要性能指标及卫星信号质量进行核验的试验。通过星地对接试验，可以验证卫星与地面系统接口的一致性、正确性和匹配性，确保卫星、测控系统研制的顺利进行以及卫星发射后整个工程的正常运行。

## ③ 卫星防热技术

一个典型的卫星飞行过程大致要经历 4 个阶段，分别是：地面段、上升段、轨道段和返回段。每个阶段的热环境和热状态都是不同的。如果不对卫星进行热控制，星上的部分仪器难以承受温度的急剧变化，将对卫星的正常运转造成严重影响。卫星防热技术是一种保护卫星在再入地球大气层时不受极端高温影响的技术，这项技术包括使用特殊的防热材料和设计，来吸收、反射或散发热量。

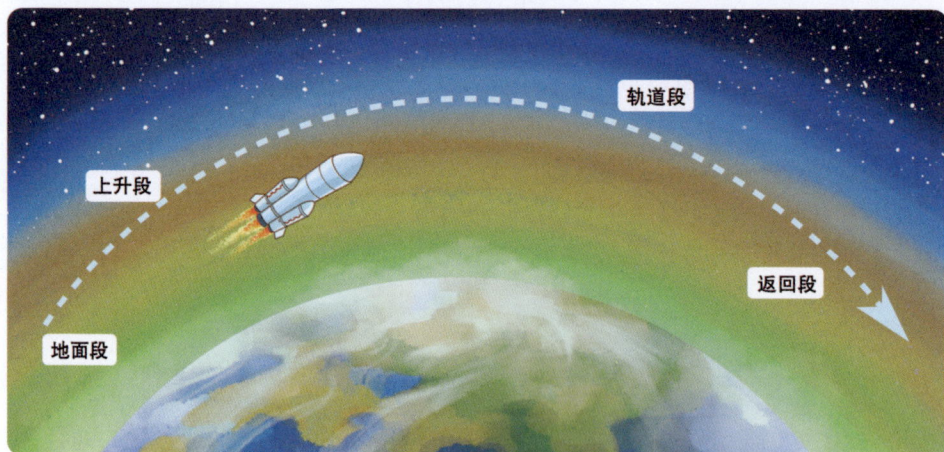

## ④ 星载铷钟

星载原子钟是导航卫星的"心脏"，对卫星系统定位和授时精度具有决定性作用。可用作星载原子钟的有氢原子钟、铯原子钟和铷原子钟。三者相比，铷原子钟体积小、质量轻、功耗低、可靠性高、寿命长，制造和使用成本也最低。

## ⑤ 系统级冗余技术

冗余技术就是增加多余的设备、元件或系统，以保证系统更加可靠、安全地工作。按照在系统中所处的位置和层次，冗余可分为元件级、部件级和系统级。

## ⑥ 伺服机构

伺服机构，又称伺服控制系统，是一种能够精确控制执行机构的控制系统。它广泛应用于各种自动化设备和精密控制场合，如工业机器人、数控机床、航空航天器等。伺服机构主要由伺服驱动器、伺服电机、编码器和控制器组成。

## ⑦ 激光惯组

激光惯组，是一种利用激光技术等进行精确测量和计算，实现载体导航定位的高精度惯性导航系统。它能实时感知火箭和卫星等载体的飞行姿态、速度、位置等信息，帮助控制它们的运行轨迹。它是整个火箭和卫星明亮的"眼睛"，始终"盯着"飞行路线，确保火箭及卫星能够按照预定的轨迹飞行并圆满完成任务。

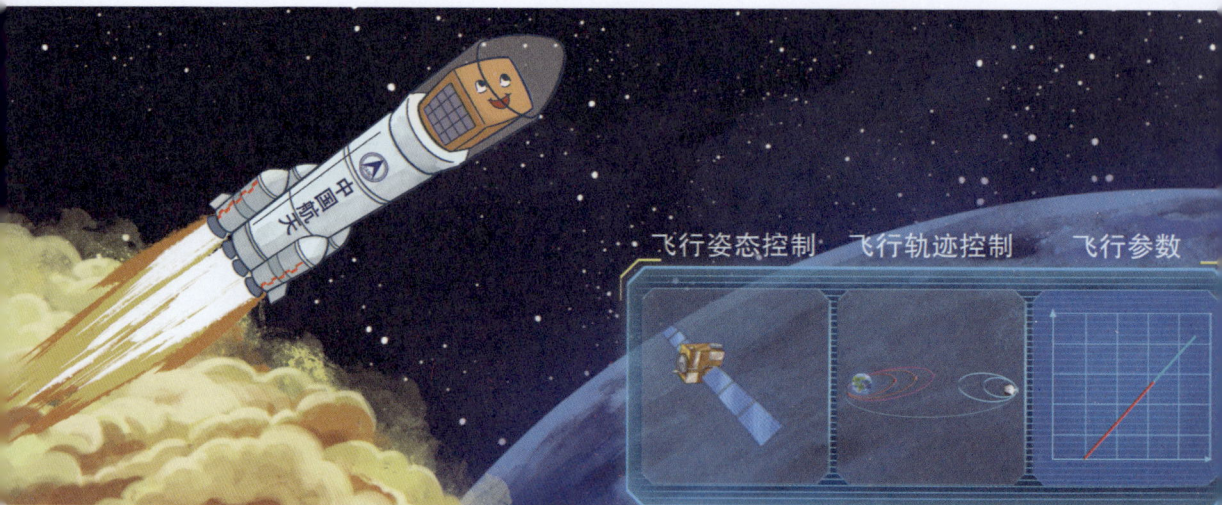

飞行姿态控制　飞行轨迹控制　飞行参数

## ⑧ 地月转移轨道

指从月球探测器通过不断加速、脱离地球引力、飞向月球开始，到被月球引力捕获、近月制动为止的轨道段。

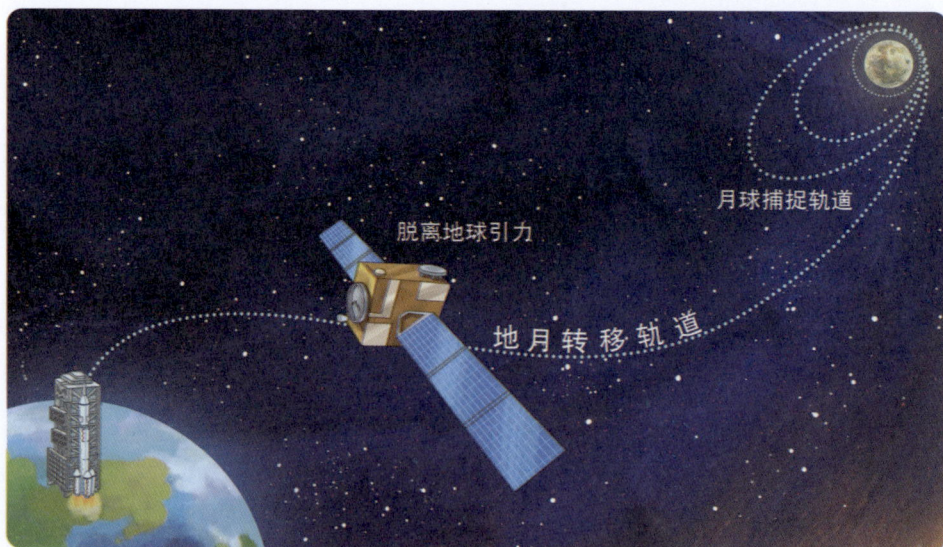

月球捕捉轨道

脱离地球引力

地月转移轨道

## ⑨ "01" 指挥员

"01" 指挥员，是在航天发射任务中负责总体协调和指挥，并发出倒计时口令的重要岗位，在酒泉卫星发射中心叫"0号指挥员"，在太原卫星发射中心称"1号指挥员"，西昌卫星发射中心是由酒泉和太原两个发射中心援建而成，所以就采用了酒泉的"0"和太原的"1"，西昌的这个岗位叫作"'01'指挥员"（"'洞幺'指挥员"）。

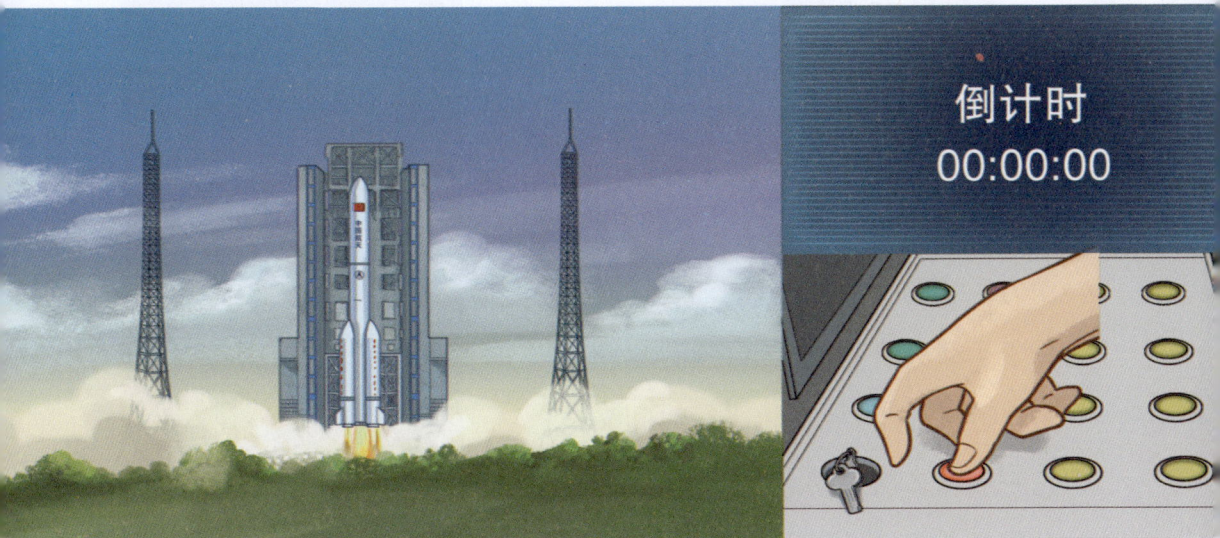

## ⑩ 计数器溢出

计数器溢出是指当计数器的计数值超过它所能表示的最大值时，计数器会产生溢出信号并返回到初始值的现象。接收机的计数器溢出可能会导致接收机无法正确处理信号，从而影响通信质量或导致数据丢失。

监测站　卫星　注入站　接收机

## ⑪ 上面级

　　火箭的上面级是多级火箭中的一个重要组成部分，通常是指在基础级火箭上增加的，具有独立控制系统和动力系统的火箭子级。上面级的作用介于运载火箭和航天器之间，具有自主轨道机动能力，在轨飞行时间又长。它一般可多次启动点火，满足不同的发射任务需求，可以将一个或多个载荷送入指定轨道，被形象地称为"太空巴士"或"太空摆渡车"。

上面级

基础级

## ⑫ 伴星

伴星，本指双星中较暗的，围绕着主星旋转的星。这里指的是伴随卫星。它是一种伴随主航天器飞行的航天器，具有相对主航天器距离近、能实时跟随的位置优势。它可以作为主航天器的安全辅助工具，对主航天器进行工作状态监测、安全防卫，也可以为航天员出舱活动及空间飞行器交会对接等提供直接的技术支持。伴随卫星结构小、总量轻，任务配置比较灵活，在运行的主航天器上发射容易实现。利用伴星和主星，或者释放多颗伴星组网，可以实现多星协同工作，完成一颗卫星单独无法实施的应用任务，提高主星应用效率，扩大应用领域，促进空间新技术的发展和应用。

伴星

## ⑬ 纳星

纳星即纳卫星。指质量小于 10 千克、具有实际使用功能的卫星。与微卫星相比，纳星在质量、体积、功耗等方面的要求更加苛刻。

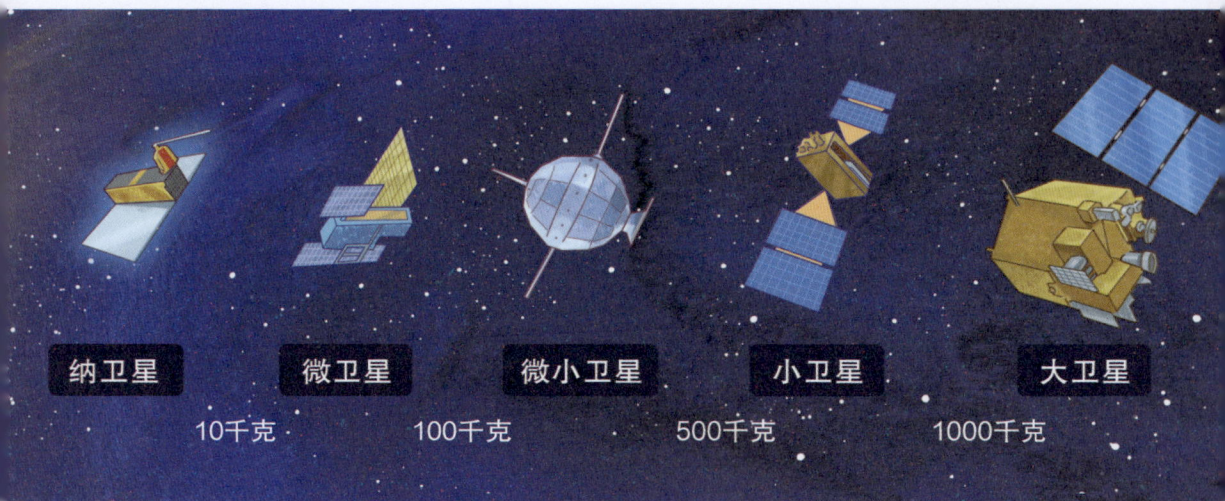

纳卫星　微卫星　微小卫星　小卫星　大卫星
10千克　100千克　500千克　1000千克

## ⑭ 姿轨控

　　姿轨控即姿态轨道控制系统，是航天器中至关重要的一个系统。它的主要功能是控制航天器的姿态和轨道，确保卫星按预定姿态和轨道飞行，保证卫星性能，从而完成既定的任务。天上的卫星在哪里，要做什么，都需要姿轨控来控制。姿态控制是保证卫星在天上的正确朝向，轨道控制则负责调整卫星在天空中的位置。

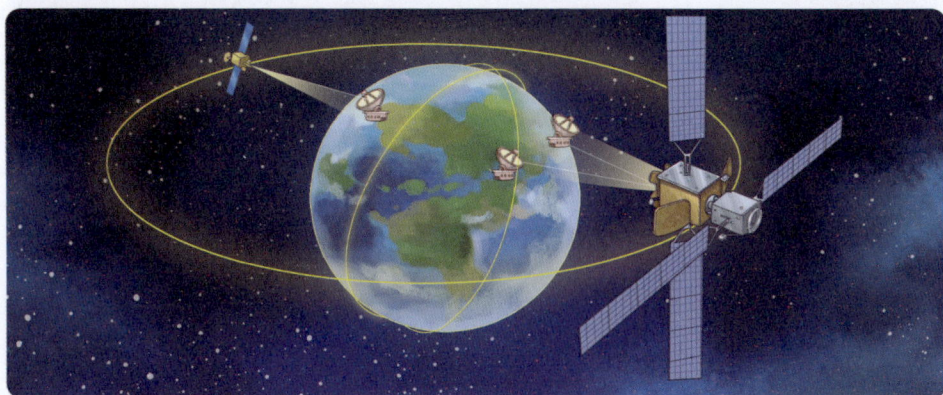

## ⑮ 刚度

刚度是指材料或结构在受力时抵抗变形的能力。在自然界，动物和植物都需要有足够的刚度以维持其外形。工程上，在设计机械、桥梁、建筑物、飞行器和舰船时，必须确保结构有足够的刚度，以避免因刚度不足而导致的失稳或颤振等灾难性事故。

## ⑯ 卫星星历

卫星星历是导航系统的重要基础数据源，它是一种记录卫星位置、速度和时间信息的数据。通过卫星星历，导航系统可以计算出接收器的位置、速度和时间等信息，从而实现导航功能。同时，卫星星历还可以用于卫星轨道预报、卫星控制等领域。